AF593055

RÉSUMÉ

DES

INSTRUCTIONS

de

L'ÉCOLE DE TIR

Avec planches

1844

CAEN
IMPRIMERIE DE CHARLES WOINEZ
Rue Nôtre-Dame, 98

1844

RÉSUMÉ

DES

INSTRUCTIONS

de

L'ÉCOLE DE TIR

Avec planches

1844

Cette brochure in-octavo, imprimée avec soin, pour le régiment, sur très-beau papier et en beaux caractères, donne la série des leçons de l'instruction pratique préparatoire au tir à la cible et de l'appréciation des distances, les différentes constructions de la stadia, la nomenclature raisonnée du fusil percutant transformé, celle des armes blanches en usage dans l'infanterie, l'entretien des armes, la transformation des fusils à silex, la comparaison du système à silex avec le système à percussion, les dimensions principales, les charges et les balles des fusils d'infanterie et de voltigeurs, modèles 1822, transformés, ainsi que du mousqueton de gendarmerie, modèle 1825, transformé, affecté à l'armement des sapeurs et clairons des régiments d'infanterie; les règles générales de tir, leur application aux armes dont il vient d'être question, la description de la cible, les causes de déviation, leur analyse et les moyens de les atténuer; les règles pratiques pour déterminer le point d'impact moyen ou la trajectoire théorique et, par suite, les règles de tir d'une arme à feu portative quelconque; la méthode à suivre pour déterminer la hauteur des hausses, comparer la justesse des armes, l'adresse des tireurs, les résultats obtenus dans plusieurs tirs; la composition de la poudre de guerre, sa fabrication, son épreuve; la composition et la fabrication de la poudre fulminante et des capsules; l'approvisionnement, en munitions, de chaque soldat entrant en campagne; le coulage des balles, la confection des cartouches et enfin un programme de l'instruction théorique et pratique que l'on doit faire suivre aux soldats dans chaque compagnie.

Ce résumé a été conçu de façon qu'il pût être également utile à MM. les officiers, aux sous-officiers, caporaux et soldats. La rédaction des différents chapitres qu'il contient est celle des leçons qui nous ont été enseignées ou dictées à l'école de tir. Ces diverses leçons se présentent, en termes fort clairs, sous l'aspect le plus propre à les graver dans l'esprit de tous.

Afin de nous mettre à même de déterminer à l'avance le prix de chaque exemplaire, prix qui, d'après le nombre demandé, pourra s'élever de 75 c. à 1 fr. 50 c., les sergents-majors sont priés de nous donner, sans retard, connaissance du chiffre des demandes faites dans leurs compagnies.

Deux grandes planches, lithographiées d'après des modèles dont l'exécution a été confiée à une main habile, sont placées à la fin de la brochure, pour compléter l'explication des principes développés dans le texte et aider à son intelligence.

La planche principale présente, dans les plus grands détails et avec une extrême clarté, l'analyse des principes du tir à la cible. Si les compagnies désiraient s'en procurer des exemplaires séparés, pour remplacer le tableau analogue qui existe dans les chambres et qui n'est plus exact, elles en donneraient pareillement avis, parce que, dans ce cas, on ferait tirer le nombre d'exemplaires demandé.

Nous ferons remarquer que, dans ce petit manuel d'armement et de tir destiné, ainsi que nous l'avons déjà dit, à MM. les officiers, aux sous-officiers, caporaux et soldats, les démonstrations mathématiques ont été imprimées en petits caractères et par renvois, afin de ne pas arrêter inutilement ceux qu'elles auraient pu embarrasser.

Une locution, fréquemment répétée dans le cours de ce résumé parce qu'elle favorise le langage et que *nous* renouvelons ici, pourrait laisser supposer que nous avons voulu faire croire à notre coopération dans la reproduction des leçons orales et écrites que nous avons rapportées de l'école de tir. Telle n'est point la pensée qui nous a guidé. Dans notre travail de *copiste*, s'il était une part que nous voulussions réclamer, ce serait, à coup sûr, celle des fautes qui nous seraient échappées, par suite de la précipitation que nous avons mise à profiter d'une autorisation, dont le régiment aura à se féliciter.

J. Lacombe.
Sous-Lieutenant au 46e de ligne.

Caen, le 8 fevrier 1845.

EXTRAIT DU *MONITEUR OFFICIEL* DU 4 FÉVRIER 1845.

Par ordonnance royale, en date du 2 février, S. A. R. le duc d'Aumale, lieutenant-général, est nommé inspecteur-général des Écoles de Tir pour les armes à feu portatives.

Cette ordonnance est précédée d'un rapport au roi, par M. le ministre de la guerre, dont voici l'extrait :

« Les avantages que doit produire l'institution d'une Ecole de Tir, ne » sont plus douteux : elle a conduit à des découvertes remarquables, » elle en promet encore de nouvelles ; il ne reste qu'à lui donner des » développements proportionnés aux forces de la France.

» C'est dans cette pensée, Sire, que j'ai l'honneur de proposer à » Votre Majesté d'établir l'École de Vincennes sur des bases fixes, et » d'en faire pour tous les corps de l'armée une *École Normale de Tir*.

» Comme l'Ecole de Saumur forme, pour la cavalerie, des instruc- » teurs qui repandent dans nos regiments les connaissances hippiques » et maintiennent l'uniformité des principes de l'équitation ; comme le » Gymnase Normal a formé, dans l'origine, les éléments des gymnases » divisionnaires qui donnent aujourd'hui des Moniteurs à tous les régi- » ments, de même l'École Normale de Tir formera, pour l'infanterie, » des instructeurs chargés de propager les principes qu'ils auront reçus » et d'en diriger uniformément l'application dans la pratique.

» Par elle, nos fantassins se placeront individuellement sur le rang » des meilleurs tireurs de l'Europe, comme notre infanterie en masse » occupe déjà le premier rang parmi les troupes de ligne des armées » régulières. »

Caen.—Imp. Woinez, 1845.

RÉSUMÉ DES INSTRUCTIONS DE L'ÉCOLE DE TIR

RÉSUMÉ

DES

INSTRUCTIONS

de

L'ÉCOLE DE TIR

1844

CAEN
IMPRIMERIE DE CHARLES WOINEZ
Rue Notre-Dame, 98

1844

AVIS.

Nous avons placé la liste suivante au commencement de la brochure, dans le but de prémunir le lecteur contre les fautes qui se sont glissées dans le texte

—

ERRATA.

Pages 10 et 13, lignes 4 et 16, *au lieu de* premiere phalange, *lisez* deuxième phalange.

— 24, ligne 12, *au lieu de* supposé, *lisez* supposé.

— 24, ligne 18, *au lieu de* les distances, *lisez* la distance.

— 30 et 32, lignes 7 et 5, *au lieu de* pate, *lisez* patte.

— 34, ligne 23, *au lieu de* peau de buffle, roulée pour la cheminée, *lisez* peau de buffle roulée, pour la cheminée.

RÉSUMÉ

DES

INSTRUCTIONS DE L'ÉCOLE DE TIR

1844

Le tir des armes à feu n'est efficace à la guerre qu'autant qu'il est exécuté avec sangfroid et précision, et dirigé par des officiers et sous-officiers sachant évaluer les distances et connaissant bien la portée, la justesse et les règles de tir des armes qu'ils ont entre les mains. Le chiffre des cartouches, consommées pendant de longues guerres, comparé à celui des blessés et des morts, a montré qu'en général *sur dix mille coups de fusil*, tirés en temps de guerre, *un seul atteignait l'ennemi.*

Des résultats pareils sont bien faits pour prouver l'importance de l'instruction théorique et pratique du tir, dans les régiments d'infanterie. En dirigeant convenablement cette instruction, il est certain qu'on peut augmenter considérablement la puissance des armes à feu portatives. Quels seraient les effets des bouches à feu de l'artillerie sur les champs de bataille, si cette arme ne se préparait, dans les polygones, par des tirs fréquents et soigneusement dirigés, au rôle qu'elle doit jouer en temps de guerre? Pourquoi l'infanterie n'attacherait-elle pas au tir et au perfectionnement de ses armes autant d'importance que l'artillerie à l'étude de ses bouches à feu ?

L'expérience vient de prouver que la méthode suivie, dans ces trois dernières années, à l'école de tir, reposait sur les meilleurs principes que l'on puisse adopter pour l'instruction des soldats. Cette méthode, *progressive et lente dans la série des exercices,* forme le tireur et l'affermit insensiblement dans l'exécution des principes qui lui sont enseignés, et il devient à coup-sûr beaucoup plus adroit qu'il ne le deviendrait, même après plus de temps, en tirant dès le commencement avec une cartouche à balle.

L'action de bien viser ou le pointage est une des conditions fondamentales du tir, et bien des hommes, dont l'œil n'y a jamais été exercé, ne l'exécutent que d'une façon approximative et, trop souvent, complétement nulle. Jusqu'à présent, l'instructeur recommandait, il est vrai, aux tireurs de bien viser, mais il manquait absolument des moyens de s'assurer si le soldat l'avait bien compris, s'il avait bien exécuté, et dès-lors l'ignorance de ce dernier se perpétuait, sans que l'instructeur pût la faire cesser.

En plaçant l'arme sur un chevalet qui la maintienne immobile, quand l'homme l'aura dirigée, nous pourrons enseigner le pointage et nous assurer que l'homme l'a bien exécuté.

Généralement on a pu s'apercevoir que le tireur appréhendait le recul, et que cette appréhension lui faisait souvent fermer les yeux, tourner la tête, au moment de la détonation, ou du moins qu'elle l'occupait assez pour lui faire oublier les principes qu'on lui avait donnés et que, même dans le cas où il les observait, l'arme venant à bouger, par suite du tremblement nerveux qu'il éprouvait, la direction se trouvait dès-lors changée. Evidemment il ne pouvait plus être sûr d'atteindre le but, et le coup devenait inutile. Il est donc de la plus grande importance de chercher à vaincre cette appréhension. On y arrivera en habituant progressivement le tireur à tout ce qui peut l'étonner.

Après l'avoir habitué au choc du chien sur le tampon, nous lui ferons brûler des capsules. La détonation de celles-ci, quoique faible, ou plutôt parce qu'elle est faible, nous servira merveilleusement, et nous pourrons en même temps constater la justesse du pointage, en donnant pour but à notre tireur une chandelle allumée, placée à 1m50 de la bouche du canon.

Enfin, nous lui ferons tirer des cartouches à poudre, dont le poids sera successivement de 4, de 6 et de 8 grammes, qui est la charge réglémentaire du fusil.

Nous pourrons même ne brûler des cartouches que de 4 et de 8 grammes.

C'est ainsi que, dans l'instruction de nos recrues, nous suivons constamment la méthode analytique, c'est-à-dire que nous les faisons passer par la décomposition des différentes manœuvres, avant de les amener à l'école de bataillon.

Nous devrons aussi exercer les soldats à l'appréciation des distances, afin de les mettre en mesure de pouvoir appliquer les règles de tir, lorsqu'ils seront en présence de l'ennemi.

Une étude complète et raisonnée du fusil d'infanterie, ainsi que des règles de tir applicables à cette arme, ayant démontré la possibilité de donner à tous les soldats la confiance et le jugement nécessaires pour qu'ils en tirent à la guerre le parti le plus avantageux, nous entrerons dans quelques développements à ce sujet, et nous terminerons ce résumé en traitant succinctement plusieurs questions relatives au tir des armes à feu.

Avant de terminer cet avant-propos, nous ne saurions trop engager les sous-officiers, sur qui repose plus particulièrement l'instruction des hommes, à étudier avec soin les principes que nous allons mettre sous leurs yeux et à exercer leur intelligence à approfondir les diverses questions qui en ressortissent.

Nous avons divisé cette instruction par chapitres, et nous croyons avoir sagement fait en proscrivant la formule des demandes et des réponses, car s'il est vrai qu'elle facilite le travail de la mémoire, ce ne peut être qu'aux dépens de l'intelligence, et c'est à celle-ci que l'on doit avant tout s'adresser.

CHAPITRE PREMIER.

INSTRUCTION PRATIQUE, PRÉPARATOIRE AU TIR A LA CIBLE.

Ordre dans lequel se fait cette instruction.

PREMIÈRE LEÇON.—*Pointage au chevalet* (1), *en se plaçant derrière l'arme.* L'instructeur placera l'arme sur un che-

(1) Pour le pointage, on fera usage d'un chevalet à trois pieds de 1m20 de hauteur, surmonté d'une mâchoire à pivot, garnie intérieurement

valet, disposé pour cet exercice, et la dirigera sur un point, en ayant soin que le rayon visuel, dirigé sur ce but, passe bien par le fond de l'encoche de la hausse et l'embase du guidon. Le fusil étant ainsi placé, il fera passer successivement chaque homme derrière l'arme, pour lui faire examiner et lui expliquer en même temps ce que l'on entend par pointage. Viser un but déterminé ou pointer, c'est diriger, au moyen de l'œil, la ligne de mire sur ce but.

Puis il dérangera l'arme, la fera pointer par chaque homme à son tour, en ayant soin de vérifier chaque fois et de rectifier, s'il y a lieu.

Lorsque les hommes comprendront et exécuteront facilement le pointage, l'instructeur les fera passer à la leçon suivante :

DEUXIÈME LEÇON. — *Position d'en joue au chevalet.* L'arme étant placée sur le chevalet, l'instructeur fera avancer le soldat et lui fera prendre la position que nous allons décrire :

Il fera appuyer la crosse par toute sa surface à l'épaule droite, fera élever le coude droit à hauteur de l'épaule, saisir l'arme à la poignée avec la main droite, le pouce en travers et plus ou moins allongé, suivant la conformation de l'homme.

L'instructeur prendra pour règle de faire placer le pouce de manière qu'il ne frappe pas le nez en tirant.

Il fera engager le premier doigt dans le pontet, sans qu'il touche la détente et fera placer la main gauche à la capucine.

de liége et traversée par une vis destinée a maintenir l'arme et à lui servir de point d'appui. Cet instrument permettra de faire mouvoir l'arme dans le sens horizontal autour du pivot, et dans le sens vertical autour du point d'appui.

[illegible] jusqu'à la première [illegible]

Dans cet exercice, l'instructeur [illegible] gradation, au moment où l'on presse [illegible] et que l'arme reste immobile.

[illegible] *la position de [illegible]* [illegible] précédente [illegible] de la position d'en [illegible]

[illegible] dans le cas [illegible]

[illegible] *sur* [illegible] l'arme restant toujours [illegible] en ayant [illegible]

[illegible] mesure de la force [illegible] déranger l'arme.

[illegible] *l'arme étant* [illegible] *par* [illegible] face au soldat [illegible] du [illegible] l'arme [illegible]

[illegible] paisient [illegible]

[illegible]

[illegible] soldat [illegible] dans [illegible] droit [illegible] lui appuyant [illegible] et l'homme aura [illegible]

Dans cette position [illegible] [illegible] et après [illegible] du canon [illegible] les mouvements y seront [illegible]

Il exigera que le soldat [illegible] ment où le chien s'abat, et [illegible] moyens suivants :

Élever l'arme [illegible] visage, regarder le chien, les yeux ouverts, [illegible] jusqu'à ce qu'il n'y ait plus de clignotement : [illegible] et répéter l'opération jusqu'à ce que l'œil [illegible] malgré le choc du chien ; recommencer [illegible] l'arme étant appuyée à l'épaule dans la position de [illegible]

SEPTIÈME LEÇON. — [illegible] du tireur isolé debout.

Un temps et deux [illegible]

PREMIER MOUVEMENT. [illegible] position du deuxième mouvement de *[illegible] la [illegible]*, excepté que les talons se toucheront ; [illegible] 36, rentrer la pointe du pied gauche en dedans [illegible] l'égale droite d'avancer, le corps droit et reposant également sur les deux jambes, armer, élever l'arme et placer la crosse contre l'épaule droite, la main gauche plus ou moins rapprochée de la capucine, suivant la longueur du bras de l'homme, la main droite embrassant la poignée de l'arme, le pouce en travers, le premier doigt engagé dans le pontet, sans toucher la détente, le coude élevé à hauteur de la main.

Deuxième mouvement. Placer le doigt sur la détente et l'y engager jusqu'à la deuxième phalange, fermer l'œil gauche, diriger l'œil droit par le fonds de l'encoche de la hausse vers l'embase du guidon, viser un point, retenir la respiration et presser progressivement sur la détente, de manière à être surpris par le coup, l'arme restant immobile.

HUITIÈME LEÇON. —*Position du tireur isolé à genoux.*

Un temps et deux mouvements.

Premier mouvement. Poser le genou droit à terre, plus ou moins en arrière, suivant la conformation de l'homme, la jambe en travers, le talon droit élevé ; dans cette position, s'asseoir sur le talon, armer, abattre l'arme, pour appuyer la crosse à l'épaule et placer le coude gauche sur le genou, qui lui sert de point d'appui, les mains placées comme dans la position précédente.

Deuxième mouvement. Comme le deuxième mouvement de la position debout.

Observations relatives à ces positions.

Rentrer la pointe du pied gauche en dedans. Afin d'empêcher l'épaule droite d'avancer, ce qui porterait l'arme en avant et diminuerait la force du bras gauche.

La main gauche plus ou moins rapprochée de la capucine.

Parce qu'il y a des hommes qui ne peuvent y atteindre qu'en raidissant le bras, ce qui tend à diminuer sa force et occasione un tremblement nerveux.

Le coude élevé à hauteur de la main. Afin que l'arme appuie contre l'épaule par la plus grande étendue possible, ce qui diminue l'effet du recul, en ajoutant la masse du corps à celle de l'arme.

Si l'arme ne touche à l'épaule que par le bec de la crosse, elle sera sujette à glisser et à pivoter autour du point d'appui, et par conséquent à déranger la ligne de mire.

Il arrive souvent que le recul fait passer la crosse à droite ou au-dessus de l'épaule, quand le coude est abaissé; cette circonstance fait changer la direction de la balle, car elle n'est pas entièrement sortie du canon, lorsque le recul commence à se faire sentir.

Engager le premier doigt jusqu'à la première phalange. Parce qu'on a plus de force et qu'on est plus maître de la modérer.

Presser progressivement sur la détente. Pour ne pas déranger l'arme par le coup de doigt, pendant que l'on vise.

Retenir la respiration. Pour ne pas communiquer à l'arme le mouvement que la respiration imprime au corps.

Rester un instant en joue après que le chien s'est abattu. Pour ne pas être surpris par un long feu.

Dans la position à genoux, *placer le coude gauche sur le genou*, parce que, dans ce cas, le coude gauche fait l'office de chevalet et que, par conséquent, l'arme est moins sujette à vaciller.

La position à genoux offre un autre avantage que celui d'une plus grande justesse dans le tir. En effet, le tireur, ne présentant à l'ennemi que la moitié de sa hauteur, double par ce moyen ses chances de salut.

On doit recommander [illegible] à genoux, que lorsqu'il est bien [illegible] rait parler pendant les mouvements qu'il fait pour [illegible] convenablement.

Les positions [illegible] cons sont tout-à-fait [illegible] et ne doivent se [illegible] qu'en tirailleurs [illegible], l'homme étant [illegible] isolé et parfaitement libre de ses mouvements.

[illegible] — *Tir avec capsule*. L'instructeur [illegible]

[illegible] part [illegible] mouvement. L'instructeur [illegible] placée à [illegible] du canon. Si l'arme a été chargée et maintenue convenablement, le courant d'air [illegible] par les [illegible] provenant de la déflagration de la capsule, doit éteindre la lumière.

L'instructeur préviendra le soldat qu'il doit viser de manière que l'axe du canon se trouve sur le centre de la portion de mèche qui est dans la flamme.

Cet exercice permettra [illegible] de chaque soldat, [illegible] connaître les hommes [illegible] et la bonne position permettent de bons tireurs, dont il pourra former une première classe qu'il exercera au tir à blanc.

ONZIÈME LEÇON. — *Tir à blanc*. [illegible] qui

termine les exercices préparatoires au tir à la cible, sera exécuté sur une cible placée à 100 mètres, afin de servir en même temps au pointage.

Indépendamment des principes déjà présentés, à l'observation desquels l'instructeur s'attachera particulièrement, il devra exercer les hommes à viser horizontalement et verticalement, c'est-à-dire de droite à gauche et réciproquement, et de bas en haut. Dans les derniers tirs aux capsules, l'instructeur [illegible] de manière à [illegible] ses hommes à mouvements verticaux et horizontaux.

Afin que les hommes ne soient pas tout d'abord effrayés par le recul, on augmentera progressivement les charges de la manière suivante :

15 cartouches de 3 grammes

15 cartouches de [illegible] grammes.

Chaque tir sera de cinq cartouches par homme.

Observations. [illegible]

Les exercices qui [illegible] sont [illegible] de faire connaître [illegible] progression, d'une grande importance pour arriver à former de bons tireurs.

S'ils sont démontrés avec soin, le soldat acquerra du coup-d'œil et une immobilité complète au moment de l'explosion.

L'expérience a démontré que s'il a bien profité de cette instruction, il sera déjà un habile tireur, au moment de commencer le tir à balles (1).

(1) Le [illegible] mois dernier, le détachement envoyé par le régiment à l'école de tir, et composé d'un officier et 15 hommes, fut conduit au tir à

Les hommes de recrue devront tirer au moins 20 capsules et les anciens soldats 10, par année.

Il sera utile de ramener fréquemment les uns et les autres au pointage, afin de leur rendre constamment familiers tous les exercices de l'instruction préparatoire.

DOUZIÈME LEÇON. — *Tir à la cible.* Les soldats ne seront admis au tir à la cible, que lorsqu'ils ne laisseront rien à désirer dans les exercices de l'instruction préparatoire.

Formation des Classes.

Pour procéder à la formation des classes d'une compagnie, on fera exécuter à 100 mètres deux ou trois tirs consécutifs de cinq cartouches chacun et par homme.

On prendra la moyenne du nombre de balles mises dans la cible par chaque tireur.

Les soldats qui n'obtiendront pas 30 % formeront la 3e classe ; ceux qui atteindrent ce chiffre, formeront la 2e classe, et la 1re se composera de ceux qui l'auront dépassé.

Les hommes qui, à 150 mètres, n'obtiendraient pas une moyenne de 25 %, seraient rejetés dans la 2e classe.

Les hommes de la 3e classe tireront à 100 mètres.

Ceux de la 2e classe tireront à 125 et 150 mètres.

la cible, et chacun tira quatre cartouches, à 125 mètres, de la manière dont il avait l'habitude. Le résultat fut : 60 coups tirés, 6 balles dans la cible, 10 %. — Le 6 mai, nous recommençâmes à tirer le même nombre de coups, à la même distance, mais en mettant à profit les leçons que nous avions reçues.

Ce nouveau tir donna le résultat suivant : 60 coups tirés, 31 balles dans la cible, 51, 6 %.

Et enfin ceux de la 1re classe tireront à 150, 175, 200, 225 et 250 mètres.

Dans la suite, lorsque des soldats donneront pendant plusieurs tirs les °/₀ exigés pour passer à une classe supérieure, ils y seront admis.

De 100 à 200 mètres, on tirera sur une cible de 2 mètres de hauteur sur 0^m57 de largeur. Au-delà de 200 mètres, le tir aura lieu sur deux cibles contiguës.

Observations.

Lorsqu'on exécutera les feux de peloton et de deux rangs, les hommes prendront les positions prescrites par l'ordonnance du 4 mars 1831.

L'instruction des compagnies ne sera réputée complète que lorsqu'elles auront été exercées aux feux de peloton, de deux rangs et au tir sur une cible mobile.

Pour les premiers feux, les hommes seront exercés d'abord séparément par groupes de deux files, et on ne réunira ces files en sections et pelotons, que lorsqu'elles seront suffisamment affermies.

Les premières classes, dès qu'elles pourront être abandonnées à elles-mêmes, devront tirer souvent en tirailleurs, de pied ferme et en marchant, à des distances différentes, que chaque soldat devra apprécier.

C'est là le complément indispensable de toute l'instruction, et le plus sûr moyen d'amener le tireur à ne compter que sur lui-même.

Les soldats seront exercés à tirer dans les deux positions debout et à genoux.

Afin de pouvoir les entretenir dans l'habitude du tir,

on ne fera jamais brûler, le même jour, plus de 4 à 5 cartouches par homme.

On devra les conduire au tir à la cible à diverses époques de l'année, par des temps froids, nuageux, pluvieux, chauds et venteux, afin de les habituer à tirer avec justesse dans toutes les positions où ils peuvent se trouver en campagne.

Les munitions seront réparties entre les trois classes, de façon que la troisième tire plus que la seconde et celle-ci plus que la première.

Les tireurs les moins adroits, recevant ainsi un plus grand nombre de cartouches, auront plus de moyens de se fortifier.

Les officiers devront joindre la pratique à la théorie du tir.

A cet effet, toutes les fois que leurs compagnies iront à la cible, ils brûleront le même nombre de cartouches que les soldats.

CHAPITRE 2.

APPRÉCIATION DES DISTANCES.

L'appréciation des distances a pour objet de faire connaître aux soldats la distance qui les sépare de l'ennemi ou d'un but quelconque, afin qu'ils puissent faire l'application des règles de tir qui leur ont été enseignées.

L'habitude de l'appréciation des distances est très-difficile à acquérir ; il faut constamment s'y exercer, d'abord en terrain plat et uni, ensuite sur des terrains accidentés, sur des pentes plus ou moins prononcées et par des temps différents ; car, autrement, l'homme exercé en pays de plaine, ne se reconnaîtrait plus dans un pays de montagne ; habitué à opérer par un soleil éclatant, il ne saurait plus le faire par un temps de brouillard, sans commettre des erreurs considérables.

Le cordeau métrique devra d'abord être employé comme moyen de vérification, et plus tard on mettra à profit la longueur du pas habituel de l'homme.

Les officiers et les sous-officiers ne devront rien négliger pour se fortifier dans l'appréciation des distances.

PREMIÈRE LEÇON. — *Étalonnage du pas* (1). L'instructeur fera mesurer avec un cordeau parfaitement tendu une distance de 100 mètres, il fera parcourir cette distance plusieurs fois par le soldat à son pas habituel et sans gêner en rien son allure, tout en lui prescrivant de compter les pas, jusqu'à ce qu'il arrive à faire chaque fois le même nombre de pas.

La moyenne, pour le plus grand nombre, sera de 120 pas environ. Il leur sera donc facile d'en déduire le nombre de pas qu'ils seront obligés de faire pour des distances de 25, 50, 75, 200 mètres, etc., etc.

DEUXIÈME LEÇON. — L'instructeur fera ensuite placer un ou deux hommes armés et équipés, à diverses distances connues, et il prescrira au soldat de remarquer comment lui

(1) On appelle étalon une mesure qui sert à régler les autres mesures. Étalonner le pas, c'est donc régler la longueur ou la mesure du pas, de façon à pouvoir déterminer, au moyen de cette mesure, une longueur quelconque en mètres, par exemple, puisque le mètre est l'unité des mesures de longueur.

apparaissent les différentes parties du corps, le visage, les mains, etc.; il fera faire les mêmes remarques pour l'habillement, l'armement et l'équipement.

L'homme, ainsi habitué, pourra juger plus tard de la distance qui le sépare de l'ennemi.

TROISIÈME LEÇON. — *Evaluation des distances à l'œil et au pas.* Lorsque les hommes auront été exercés à faire les remarques prescrites dans la leçon précédente, l'instructeur enverra un ou plusieurs hommes à des distances inconnues et sur un terrain plat. Chaque homme jugera en lui-même la distance, sans en faire part à ses camarades; l'instructeur recueillera séparément l'opinion de chacun, à voix basse, et en tiendra note. Les soldats partiront successivement pour vérifier leur évaluation au pas, et ils feront connaître à l'instructeur leur nouvelle appréciation, de la manière indiquée précédemment. L'instructeur fera alors mesurer la distance, et la comparera au chiffre donné par chaque homme, qu'il appellera à haute voix, afin de faire connaître l'estimation de chacun et de leur fournir les moyens de rectifier l'erreur qu'ils auraient pu commettre.

Une erreur de dix mètres est insignifiante dans le tir.

L'appréciation des distances sur un terrain accidenté, où la vue est sujette à commettre les plus grandes erreurs, est l'une des choses les plus difficiles.

On devra donc y exercer fréquemment les soldats, l'habitude seule pouvant donner la justesse du coup-d'œil nécessaire pour obtenir des résultats satisfaisants.

Cette méthode est suffisante pour de petites distances, mais au-dessus de 200 mètres elle est loin d'être exacte, car chez un homme envisagé à une distance de 300, tout paraîtra vague et confus.

On sent donc la nécessité d'un instrument qui permette d'apprécier les distances partout et toujours.

Telle est la stadia (1).

Sa construction est fondée sur ce principe que lorsqu'un homme s'éloigne, il paraît plus petit, et que sa décroissance suit la loi suivante : la décroissance est proportionnelle à l'éloignement, c'est-à-dire que s'il se transporte à une distance double, il paraîtra moitié plus petit.

On peut établir des stadia de trois manières différentes. D'abord, par un moyen tout-à-fait pratique et sans calculs préalables.

On prend une tige cylindrique en bois blanc, afin de pouvoir mieux distinguer les divisions qui y seront marquées. On fait placer un homme de taille moyenne, avec sa coiffure, successivement à des distances de 100, 200, 300, 400 mètres, etc., et à des distances intermédiaires. On tient la tige verticalement entre les trois premiers et le dernier doigt de la main droite, afin de pouvoir donner de la mobilité au pouce ; puis, étendant le bras d'une longueur qui devra être la même pendant toute l'opération, on fait correspondre l'extrémité supérieure de la tige au rayon visuel passant par le sommet de la coiffure de l'homme, et l'on abaisse le pouce sur la tige jusqu'à ce que le rayon visuel vienne rencontrer les pieds de l'homme. On marque alors sur la tige ce dernier point où le pouce s'est arrêté, et l'on a ainsi

(1) Chez les anciens Grecs, le stade était une mesure de chemin de 125 pas géométriques de longueur, d'où l'on a, par néologie, appelé *stadia*, un instrument destiné à donner la mesure des distances.

la hauteur apparente de l'homme à la distance pour laquelle on a opéré.

L'autre manière d'établir une stadia a lieu au moyen de quelques calculs fort simples (1).

(1) Prenons la taille de l'homme avec sa coiffure, soit : 1m80. Supposons que de l'œil partent deux rayons visuels passant, l'un par les pieds, l'autre par le sommet de la coiffure ; soit, par exemple (fig. 1), l'œil en B et l'homme représenté par M E. Les deux rayons visuels seront B M et B E ; si maintenant on suppose que le bras étant tendu on tienne une tige verticale O H (prenons la longueur moyenne du bras : 0m65), les deux rayons visuels intercepteront sur cette tige une certaine partie O H.

Si maintenant l'homme s'éloigne à une distance double et occupe la position T G, les deux nouveaux rayons visuels intercepteront sur la tige une partie C H, qui sera à O H dans le même rapport que B E est à B G. Le rapport est inverse, comme on le voit.

Les deux triangles B O H, B M E sont semblables et donnent la proportion :

$$BH : OH :: BE : ME.$$

Ce qui peut se traduire en langage ordinaire : la longueur du bras est à la hauteur apparente de l'homme, comme la distance est à la hauteur réelle.

B H = 0m65,
O H = X (la quantité que nous cherchons),
B E = 100 mètres,
M E = 1m80.

Nous pouvons donc poser la proportion :

$$0,65 : X :: 100 : 1,80.$$

Or, pour trouver le terme inconnu d'une proportion dont on connaît les trois autres termes, il suffit de multiplier l'un par l'autre les deux extrêmes ou les deux moyens, et de diviser le produit par le moyen ou l'extrême connu. Donc

$$X = \frac{1^m80 \times 0^m65}{100} = 0^m0117$$

Pour la distance de 150 mètres, on aurait :

$$X = \frac{1^m80 \times 0^m65}{150} = 0^m0078$$

Il suffit de multiplier la longueur du bras par la taille de l'homme et de diviser le produit par la distance, pour connaître la hauteur apparente de l'homme à cette distance.

Supposons la longueur du bras de 0^{m}65, la taille moyenne de l'homme, avec sa coiffure, est de 1^{m}80.

Or, on a un produit constant, celui de 1^{m}80 multiplié par 0^{m}65. Donc il suffit de diviser 1^{m}17, qui est ce produit, par les distances de 150 mètres, 175, 200, 225, etc., etc., pour obtenir les hauteurs apparentes de l'homme à ces différentes distances. Le quotient de ces divisions est cette hauteur même.

Il ne nous restera plus qu'à marquer ces quantités sur notre tige graduée d'avance en millimètres (fig. 2).

Pour nous en servir, nous tiendrons la tige dans la main droite, comme nous l'avons déjà expliqué, et tendant le bras d'une longueur de 0^{m}65, nous dirigerons un rayon visuel vers le sommet de la coiffure, de manière que le sommet de la coiffure corresponde à la division 0 de la tige; puis, maintenant le bras immobile, nous mènerons un autre rayon visuel passant par les pieds de l'homme et nous abaisserons ou élèverons l'ongle du pouce, que nous ferons glisser sur la tige, jusqu'à ce qu'il se trouve à hauteur du rayon visuel. Nous verrons alors le nombre de millimètres qui correspond au point où le pouce s'est arrêté et, par suite, à quelle distance nous sommes de cet homme.

On conçoit que ces deux manières d'établir la stadia sont sujettes à bien des imperfections, à cause des petites divisions de l'échelle graduée, car toutes les lignes viendront, pour ainsi dire, se superposer vers l'extrémité de la tige; en outre, la manière de placer le pouce peut occasioner une erreur petite sur l'échelle, mais grande pour la distance.

On a donc imaginé une nouvelle stadia d'une forme différente. On a renfermé toutes les hauteurs apparentes de l'homme, dans les côtés d'un triangle isocèle ayant 0^m008 de base et 0^m12 de hauteur. Les points entre lesquels l'homme observé vient s'inscrire donnent la distance.

Les dimensions de ce triangle ont été prises de manière à ce que l'on pût facilement avoir la stadia sur soi. Ainsi la hauteur 0^m12 permet de mettre l'instrument dans un portefeuille ou dans la poche ; quant à la base 0^m008, c'est la hauteur apparente de l'homme à une distance de 150 mètres, la stadia se trouvant éloignée de l'œil d'une longueur de 0^m67, supposé celle d'un long bras. Peu d'hommes ont le bras plus long; mais, le cas échéant, l'instrument se construirait absolument de la même manière.

On comprend que les hauteurs apparentes pour les différentes distances puissent être comprises entre les deux côtés de l'angle B (fig. 3). Il suffit, pour graduer cette stadia, d'avoir les distances du point B aux verticales qui intercepteront les hauteurs apparentes, et on l'obtiendra en multipliant par 15 le nombre de millimètres représentant la hauteur apparente. Le produit est cette distance mesurée, à partir du point B, perpendiculairement aux grands côtés du triangle et parallèlement à sa base. Les hauteurs apparentes correspondant aux distances de 100 mètres, 150, 175, 200, 225, 250, etc., etc., sont indiquées par des traits à l'encre qui se distinguent très-facilement, et qui portent à leurs extrémités les chiffres de leurs distances respectives; de sorte que, si l'homme dont on veut connaître l'éloignement, se trouve encadré entre le trait qui correspond à 175, on en conclut que cet homme est à 175 mètres ; si son encadrement avait lieu entre deux traits, la distance serait intermédiaire entre celle exprimée par les deux traits.

Pour se servir de cet instrument, on le tiendra le bras tendu et de manière que la ligne O B soit horizontale. L'espace A C B est vide. On fait aller la stadia de telle sorte que les pieds et le sommet de la coiffure de l'homme soient sur les deux côtés de l'angle B, et il n'y a qu'à lire le chiffre correspondant à la hauteur apparente. On pourra marquer différemment les hauteurs correspondant aux distances de 200 mètres, 300, 400, etc., etc., puis celles correspondant à 150 mètres, 250, 350, 450, etc., etc., et enfin les autres correspondant à 175, 225, 275, 325, 375, etc., etc.

La stadia construite donne les diamètres apparents jusqu'à une distance de 1500 mètres.

Cet instrument suffit, fait en carton, mais il serait préférable de le faire sur une plaque de cuivre, dans laquelle on éviderait un triangle comme sur le carton (1).

(1) Traçons une ligne droite X Y (fig. 3); en un point quelconque de cette ligne, élevons une perpendiculaire O B; à droite et à gauche du point O, prenons une longueur égale à [illegible], soit, A C = [illegible]. Sur la perpendiculaire, nous prenons O B = 0m12, joignant les points A B C par des lignes droites, nous formons le triangle isocèle A C B.

Nous voulons maintenant déterminer les deux points entre lesquels un homme de 1m80 de taille se trouvera inscrit, lorsqu'il sera à 150 mètres.

Supposons les deux points déterminés V et G. Joignons ces deux points, cette ligne rencontrera la hauteur du triangle au point F. C'est le véritable point que nous allons déterminer.

Les deux triangles semblables B V G, B A C donnent la proportion :

B F : B O :: V G : A C.

Remplaçant chaque expression par sa valeur numérique, nous aurons

X : 0m12 :: 0m0078 : 0m008,

$$\text{D'où } X = \frac{0^{m}12 \times 0{,}0078}{0^{m}008}$$

Si nous voulions déterminer les points indiquant 175 mètres, nous arr

CHAPITRE 3.

NOMENCLATURE RAISONNÉE DU FUSIL PERCUTANT TRANSFORMÉ.

Dans la nomenclature qui va suivre, on se propose de faire connaître non seulement le nom, mais encore et surtout la destination et les fonctions des différentes parties de l'arme.

Le fusil se compose de six parties principales, savoir :

1° Le canon.
2° La platine.
3° La monture.
4° Les garnitures.
5° La baguette.
6° La baïonnette.

verions, par les mêmes moyens et les mêmes hypothèses, à la proportion :

$$X : 0^m12 :: 0^m0067 : 0^m008,$$

$$\text{D'où } X = \frac{0^m12 \times 0^m0067}{0^m008}$$

Remarquons que nous avons toujours à multiplier le quotient de la division de 0^m12 par 0^m008 par le nombre de millimètres représentant la hauteur de l'homme sur la stadia. Si nous effectuons ce quotient, nous obtiendrons le nombre 15.

Ainsi, règle générale : Pour obtenir le point auquel la hauteur d'un homme, à une distance quelconque, vient rencontrer la hauteur du triangle formant la stadia, il suffit de multiplier par 15 le nombre de millimètres représentant cet homme, et de porter cette longueur sur la hauteur du triangle, à partir du sommet. Le point obtenu sera celui par lequel il faudra mener une parallèle à la base, pour déterminer ceux dans lesquels viendra s'inscrire l'homme à telle ou telle distance.

Faisons observer, avant de finir, que chaque longueur de bras influe sur la construction de la stadia.

Le canon, en fer, partie principale de toute arme à feu, est destiné à recevoir la charge, à résister à l'explosion de la poudre, à diriger la balle et à porter la baïonnette.

On y distingue :

1° L'âme, vide intérieur, dont les parois sont lisses, et qui reçoit la charge et la balle.

2° La bouche, ouverture par laquelle on introduit la charge dans l'âme.

3° Le tenon, carré en fer, destiné à fixer la baïonnette au bout du canon.

4° Le guidon et son embase, qui détermine un des points de la ligne de mire.

Le tenon et le guidon sont brasés sur le canon.

5° La masselotte, cylindre en acier, vissé dans le canon et taraudé pour recevoir la cheminée.

6° La lumière, canal de communication entre la cheminée et le tonnerre.

7° La cheminée, en acier, qui reçoit la capsule, sert de table à la percussion, et conduit le jet fulminant sur la charge de poudre par le canal de la lumière.

On remarque dans la cheminée : 1° la partie filetée qui l'unit à la masselotte ; 2° l'embase, qui limite son enfoncement dans la masselotte ; 3° le carré, qui donne prise à la clé pour visser ou dévisser la cheminée ; 4° le cône, qui reçoit la capsule ; 5° le chanfrein, qui diminue l'épaisseur des bords du cône, et ajoute par conséquent à la force du coup ; 6° la tranche supérieure, qui sert de table à la percussion ; 7° la fraisure, qui augmente l'orifice du canal et permet à une plus grande quantité de jet fulminant de s'y précipiter ; 8° le canal, qui sert à conduire le jet fulminant sur la charge.

8° Le tonnerre, partie renfoncée où la charge vient se loger, taraudé à son extrémité pour recevoir la culasse.

9° La culasse, en fer, prolongement du canon, fermant son ouverture postérieure.

Elle se compose : 1° du bouton, partie filetée qui unit intimement la culasse au canon; 2° de la queue, qui, par son trou fraisé, réunit le canon à la monture, au moyen de la vis de culasse; 3° d'une hausse fixe, placée sur le devant de la queue et portant une encoche, nommée cran de visière, qui sert, conjointement avec le guidon, à déterminer la ligne de mire et à donner l'angle de mire pour la distance de 150 mètres.

La platine est un mécanisme destiné à produire la percussion sur la cheminée, pour y faire détonner la poudre fulminante d'une capsule.

Elle se compose de douze pièces, savoir :

1. Le corps de platine, pièce plate en fer cémenté (1), dont la destination est de recevoir, fixer et réunir les différentes pièces de la platine.

On y distingue : 1° la tête ou le devant; 2° la queue ou la partie postérieure; 3° les trous; 4° l'épaulement, qui reçoit la grande vis de derrière et supportait autrefois le bassinet.

2. Le chien, en fer cémenté, faisant l'office de marteau dans la percussion.

On y remarque : 1° le corps, par le bas duquel il est réuni à la noix; 2° la tête fraisée, qui frappe sur la capsule et l'enveloppe pour en arrêter les éclats; la crête quadrillée, qui sert de levier pour mouvoir le chien.

(1) On appelle *fer cémenté* du fer dont la surface est ramenée à l'état d'acier.

3. La noix, en acier, destinée à recevoir un mouvement de rotation et à le communiquer au chien.

On y distingue : 1° l'arbre, qui sert d'axe de rotation à la noix par la partie cylindrique qui traverse le corps de platine et qui unit la noix au chien par le carré qui le traverse ; 2° le pivot, prolongement de l'axe de rotation, traversant la bride ; 3° les crans de sûreté, de repos et de bandé, entailles dans lesquelles s'engage le bec de la gachette pour fixer la noix dans des positions déterminées.

Le cran de sûreté sert à prévenir les accidents qui résulteraient de la chute du chien, s'il était relevé involontairement.

Le cran de bandé sert de point de départ au chien, pour assurer par sa chute la détonnation de la capsule.

Le cran de repos est aujourd'hui sans objet.

4° Le talon, limitant le mouvement de la noix par son appui contre le pied de la bride ; 5° la griffe, plan incliné sur lequel glisse la griffe du grand ressort.

4. La vis de noix, fixant le chien à l'arbre de la noix.

5. La bride, en fer cémenté, destinée à servir de support au pivot de la noix et à fixer la gachette par une vis. Elle se compose : 1° du corps ; 2° du pied ; 3° de ses trois trous, l'un pour le pivot de la noix, l'autre pour la vis de gachette, et le troisième pour le passage de la vis de bride.

6. La vis de bride, qui lie celle-ci au corps de platine.

7. La gachette, en acier, qui engrène avec la noix pour permettre ou suspendre son mouvement de rotation.

On distingue dans la gachette : 1° le corps ; 2° la queue, levier qui reçoit l'action de la détente ; 3° le bec, extrémité qui s'engage dans les crans de la noix ; 4° le trou.

8. La vis de gachette, qui sert d'axe de rotation.

9. Le ressort de gachette, en acier, qui presse sur la gachette et la fait appuyer contre la noix. Il se compose : 1° de la grande branche et de son tenon ; 2° de la petite branche qui appuie sur la gachette ; 3° de son trou.

10. La vis du ressort de gachette.

11. Le grand ressort, en acier, moteur de la platine.

On y remarque : 1° la petite branche et sa pate, qui s'appuie contre l'épaulement ; 2° le trou ; 3° la grande branche terminée par une griffe qui glisse sur cette noix ; 4° le pivot, qui réunit le ressort au corps de la platine et autour duquel s'effectue le mouvement de la grande branche.

12. La vis du grand ressort (1).

La monture, en bois de noyer, a pour destination d'assujétir le canon et de relier entre elles les différentes parties de l'arme, de la manière la plus convenable. Elle donne en outre la facilité de manœuvrer, d'ajuster et de tirer.

On y trouve :

1° Le fût, partie antérieure qui reçoit le canon.

2° La poignée, partie arrondie et amincie pour que l'on puisse saisir l'arme et la maintenir fortement.

3° La crosse, partie postérieure, que l'on appuie contre l'épaule.

4° Le logement du canon.

(1) NOTA. Des deux branches dont se composent les ressorts de la platine, l'une, fixe et plus épaisse, a peu de mouvement ; l'autre, plus mince et mobile, produit la pression exigée.

La branche mobile des ressorts ne doit point toucher le corps de platine, afin que les ressorts puissent jouer librement. Le chien, également, ne doit pas joindre exactement le corps de platine.

La noix et la gachette sont pourvues d'embases du côté du corps de platine et du côté de la bride, afin de diminuer le frottement de ces quatre pièces entre elles, en diminuant l'étendue des surfaces en contact.

5° Le canal de la baguette.
6° L'encastrement de la platine.
7° Les encastrements des garnitures.
8° La joue.

Les garnitures, pièces diverses en fer et en acier, servent à relier le canon à la monture, donnent le départ à la platine, fixent celle-ci au bois et renforcent les parties de l'arme qui ont besoin d'être ménagées.

Ces garnitures sont :

1. L'embouchoir, en fer. Il enveloppe et relie l'extrémité du bois et du canon ; il sert de conducteur à la baguette.

On y remarque : 1° l'entonnoir ; 2° la bande supérieure ; 3° la bande inférieure ; 4° le trou du pivot du ressort ; 5° le bec.

2. La grenadière, en fer, même destination que l'embouchoir pour la partie du bois et du canon plus rapprochée du tonnerre. Elle porte un battant mobile, qui reçoit un des bouts de la bretelle, pour porter l'arme en bandoulière.

Elle se compose : 1° du corps ; 2° du piton percé ; 3° du battant ; 4° de ses deux rosettes ; 5° de son clou rivé.

3. La capucine, en fer, a la même destination que l'embouchoir et la grenadière. On y remarque le corps et le bec coupé carrément.

4. Le porte-vis en *S*, percé de deux trous, est destiné à servir de point d'appui aux têtes des deux grandes vis de la platine ; il est aussi en fer.

5. La sous-garde, en fer, assemblage du battant de sous-garde, du pontet, de l'écusson et de la détente.

Le battant de sous-garde a la même destination que celui de grenadière. Il relie en outre le pontet à l'écusson. Il se compose : 1° de la queue ; 2° de la goupille, en acier ; 3° du piton ; 4° de l'anneau ; 5° des rosettes ; 6° des trous du pivot ; 7° du pivot.

Le pontet est destiné à garantir la détente des chocs accidentels. On y distingue : 1° le crochet à bascule ; 2° le corps ; 3° la pate ; 3° la fente que traverse la queue du battant de sous-garde.

L'écusson a pour destination de renforcer le bois, de servir d'écrou à la vis de culasse, de limiter l'enfoncement de la baguette dans le canal et de porter la détente.

On trouve dans l'écusson : 1° le taquet, qui reçoit et arrête le bout de la baguette ; 2° la fente, pour le passage de la queue du battant de sous-garde ; 3° la bouterolle, qui renforce le trou taraudé de la vis de culasse ; 4° la fente, pour le passage de la détente ; 5° les ailettes, entre lesquelles la détente est fixée par une vis ; 6° la mortaise, pour le crochet à bascule du pontet ; 7° les deux élévations, qui servent à tenir l'arme solidement ; 8° le trou fraisé, qui reçoit la vis de l'écusson ; 9° la vis à bois, qui fixe l'écusson au bois.

La détente, levier coudé et à pivot, transmet l'action du doigt à la gachette.

On y remarque : 1° le corps ; 2° la touche ; 3° le trou ; 4° la vis, qui lui sert de pivot et la fixe entre les ailettes.

6. La plaque de couche, en fer, garantit la crosse des détériorations qui résulteraient des chocs contre le sol.

On y distingue : 1° le bec ; 2° le dessous ; 3° le talon, angle formé par le dessus et le dessous ; 4° les deux trous fraisés ; 5° les deux vis à bois.

7. La vis de culasse réunit le canon à la monture et se visse dans l'écusson, qui lui sert d'écrou.

8. Les deux vis de platine, qui réunissent celle-ci à la monture.

Toutes les vis sont en acier. On distingue généralement dans une vis : 1° la tige ; 2° la tête ; 3° la fente ; 4° le bout fileté.

9. Les ressorts, en acier, d'embouchoir, grenadière et capucine, maintiennent ces garnitures sur le bois et se composent : 1° du corps ; 2° du pivot ; 3° de la goupille.

10. Le ressort de baguette, en acier, est destiné à exercer une pression contre la baguette, pour la maintenir dans le canal (1).

On y reconnait : 1° le corps ; 2° le cuilleron ; 3° le pontet ; 4° la goupille.

La baguette, en acier, sert à enfoncer la charge dans le canon et à l'en retirer au besoin, au moyen du tire-balle, qui se visse à son petit bout.

Elle se compose : 1° de la tête en forme de poire ; 2° de la tige ; 3° du bout fileté pour recevoir le tire-balle.

La baïonnette est un instrument qui s'ajuste au bout du canon et qui, remplissant l'office d'une pique, fait du fusil une arme de main, sans qu'il cesse d'être, en même temps, une arme de jet.

On distingue dans la baïonnette : 1° la douille en fer, percée cylindriquement pour envelopper le bout du canon ; 2° l'embase, qui sert d'appui à la bague ; 3° les entailles,

(1) La baguette n'étant maintenue dans le canal que par le ressort de baguette et n'étant point serrée dans l'entonnoir, l'arme est ainsi susceptible de cette résonnance, à laquelle le soldat tient dans la manœuvre, et qu'il cherchait autrefois à obtenir en enlevant du bois sous l'embouchoir et dans le canal de la baguette.

qui livrent passage au tenon ; 4° le pontet, pour le passage du tenon ; 5° l'étouteau, qui limite le mouvement de la bague; 6° la bague, en fer, qui entoure la douille et fixe la baïonnette au canon ; elle porte un pontet, qui livre passage au tenon, et deux rosettes réunies par la vis de bague ; 7° l'arrêtoir, qui appuie contre l'étouteau ; 8° le coude, en fer, qui réunit la douille à la lame ; 9° la lame, en acier, de forme triangulaire, dans laquelle on remarque les arêtes, les pans creux et la pointe (1).

NOMENCLATURE DES ACCESSOIRES DE L'ARME.

1. *Le nécessaire d'armes* se compose : 1° du corps en tôle ; 2° du fond et de la mortaise ; 3° du couvercle, servant d'huilier, et sa vis ; 4° de la trousse contenant un tourne-vis, un chasse-noix, et un bourre-noix chasse-goupille.

2. *Le tire-balle* se compose de deux branches en spirale, d'une branche droite à filets allongés pour saisir la balle, et de la tête taraudée pour recevoir le bout de la baguette.

3. *Le monte-ressort* est formé du corps, de la griffe, de la mortaise, du trou taraudé, de la vis de pression, de la barette et de sa vis.

4. *La clé de cheminée* comprend le corps, le carré et le manche.

5. *Le tampon, en peau de buffle*, roulée pour la cheminée, attaché au pontet par une ficelle.

6. *Le bouchon du canon*, dont la tête est en fer ou en cuivre, destiné à préserver l'intérieur du canon de l'humidité et de la poussière.

(1) Le fusil de voltigeurs, en service dans les régiments d'infanterie légère, ne différant du fusil d'infanterie que par la longueur du ca-

NOMENCLATURE DES ARMES BLANCHES EN USAGE DANS L'INFANTERIE.

Les évidements ou cannelures pratiqués sur la plupart des armes blanches, prennent le nom de *pans creux*, quand il n'y en a qu'un sur chaque face de la lame, et celui de *gouttières*, quand il y en a deux. Ces évidements rendent les lames plus légères et leur donnent de la rigidité.

Les lames sont dites à la Montmorency (1), lorsque la gouttière du côté du dos est très-petite et celle du côté du tranchant plus large; elles présentent généralement une courbure plus ou moins prononcée.

La monture des sabres et épées se compose de la poignée qui sert à les saisir et de la garde qui garantit la main. La garde présente une surface ovale, que l'on nomme demi-coquille, et des branches et demi-branches, destinées les unes et les autres à couvrir le poignet et les doigts.

non, qui est plus court que celui d'infanterie de 0m054, a la même nomenclature que ce dernier.

Quant au mousqueton de gendarmerie transformé, qui arme les sapeurs et les clairons, il présente, par rapport au fusil d'infanterie, les différences suivantes : il n'a point de capucine, mais une grenadière pourvue d'un battant en fer ; le nœud antérieur du pontet est retenu par une vis qui remplace le battant de sous-garde, rivé plus bas sur l'écusson, lequel a deux vis à bois et point de taquet : la baguette, longue de 0m75, a la tête en forme de cône tronqué et renversé. Son petit bout va se loger vers l'extrémité de la poignée, du côté de la crosse ; la longueur du canon est de 0m7577, celle de la monture de 0m93. Les garnitures sont en cuivre.

(1) On les appelle ainsi, parce que le régiment de Montmorency était armé de sabres dont la lame avait cette forme.

Epée des officiers supérieurs (modèle 1816).

Lame droite, à deux tranchants, non évidée, de $0^{m}866$ de longueur, dans laquelle on distingue : la soie, rivée sur le pommeau, le talon, les deux tranchants et la pointe ; monture en cuivre doré et ciselé ; garde formée de deux demi-coquilles, dont l'une est à charnière, d'une branche principale et d'un quillon ; poignée en bois, recouverte d'une peau de veau chagrinée, assujétie par un filigrane doré.

Fourreau en cuir de vache, garni d'une chappe en cuivre doré, à bouton demi-ovale ciselé et d'un bout également en cuivre doré, à bouton demi-olive.

Sabre d'officier (modèle 1821).

Lame à la Montmorency de $0^{m}758$ de longueur, cambrée à $0^{m}02$ de flèche. On y remarque : la soie rivée, le talon, les gouttières, le biseau ou faux tranchant, le dos plat, le tranchant et la pointe ; monture en cuivre doré ciselé ; garde à demi-coquille, à rebords du côté de la lame, avec quillon ; branche principale et demi-branche latérale, ornées de ciselures ; calotte, poignée en bois, recouverte en cuir noir ou en peau de veau chagrinée, autour de laquelle s'enroule un filigrane en cuivre ou en argent doré.

Fourreau en cuir de vache ; chappe en cuivre doré à bouton demi-ovale ; bout en cuivre doré terminé par un bouton demi-olive.

Le même sabre, sans dorure, est donné aux adjudants sous-officiers.

Sabre de tambour-major (modèle 1822).

Lame à la Montmorency, de 0m812 de longueur, cambrée à 0m054 de flèche; monture en cuivre doré; garde à croisière, sans branche; calotte en tête de lion; poignée en bois, recouverte d'une peau de veau chagrinée, avec filigrane; fourreau en cuivre doré, enrichi de divers ornements et garni de deux cornes renversées servant à le suspendre au baudrier.

Sabre de troupes à pied (modèle 1831).

Cette arme doit servir pour toutes les troupes à pied, quand le génie et l'artillerie auront usé celles qu'ils ont encore entre les mains.

Lame droite, à deux tranchants, sans évidement, de 0m487 de longueur; pointe en langue de carpe; soie très-forte, rivée, sur le pommeau, en clou de chaudière et éclissée dans la poignée, disposition très-solide; monture en cuivre, coulée d'une seule pièce; poignée cannelée pour être mieux en main.

Fourreau en cuir de vache, garni d'une chappe en cuivre, portant un pontet, dans lequel s'engage un tirant en peau de buffle; bout en cuivre, terminé par un bouton demi-olive.

(1) Les haches de sapeurs n'étant données que comme outils, il n'en est point fait de nomenclature.

ENTRETIEN DES ARMES.

On a donné à chaque pièce un numéro d'ordre indiquant celui dans lequel elle doit être enlevée.

La culasse, qui ne doit être démontée que par le maître armurier, les ressorts de garnitures, celui de baguette et la plaque de couche, qui doivent être nettoyés sur place, n'ont pas de numéro d'ordre.

La platine ne doit être enlevée du bois que rarement et lorsque son mécanisme ne marche plus librement.

La sous-garde ainsi que les pièces de la platine, ne doivent être nettoyées à fond que sur l'ordre d'un sous-officier et seulement en cas de nécessité.

On ne devra jamais enlever la bague de la baïonnette. Il est nécessaire que la vis de bague soit toujours bien à fond, afin que la bague exerce toute son action sur le tenon et maintienne solidement en place la baïonnette, lorsqu'elle est au bout du canon.

La cheminée ne devra jamais être démontée.

Le porte-vis ne sera enlevé que lorsque la rouille l'exigera.

Toutes les pièces d'armes doivent être rangées avec ordre, au fur et à mesure qu'elles sont démontées. Cette précaution est surtout nécessaire en campagne.

Ordre suivant lequel on doit démonter et remonter le fusil.

1 La baïonnette.
2 La baguette.
3 Les deux grandes vis.
4 Le porte-vis.
5 La platine.
6 La goupille du battant de sous-garde.
7 Le battant de sous-garde.

8 Le pontet.	13 Le canon.
9 L'embouchoir.	14 La vis d'écusson.
10 La grenadière.	15 L'écusson.
11 La vis de culasse.	16 La vis de détente.
12 La capucine.	17 La détente.

Démontage de la platine.

1 La vis du grand ressort.	7 La vis de bride.
2 Le grand ressort.	8 La bride.
3 La vis du ressort de gachette.	9 La vis de noix.
4 Le ressort de gachette.	10 La noix.
5 La vis de gachette.	11 Le chien.
6 La gachette.	

Le remontage se fera dans un ordre inverse, c'est-à-dire en commençant par les derniers numéros d'ordre.

Règles à suivre et précautions à prendre dans le démontage et le remontage.

Dans ce qui va suivre, on a cherché à prescrire les règles les plus sûres pouvant s'appliquer au démontage et au remontage, en campagne comme à la chambre.

Lorsqu'en campagne, l'arme sera chargée, on devra, pour éviter les accidents, enlever la capsule et mettre le tampon sur la cheminée, tant pour nettoyer que pour démonter l'arme.

Le tourne-vis ayant un bout pour chaque grosseur de vis, le soldat aura soin d'employer pour chaque vis le bout qui lui est propre ; il veillera également à ce que la lame du tourne-vis soit toujours engagée par toute sa largeur dans la fente de la vis, sans quoi le tourne-vis glisserait en dehors et pourrait rayer les parties qui entourent la vis, ou, ne trouvant pas d'appui solide, lui déchirer la main.

On s'attachera à faire comprendre aux hommes qu'afin de ne détériorer aucune pièce, soit en la démontant ou en la remontant, ils ne doivent faire usage que des instruments destinés à cet effet ; qu'ils doivent donner à l'arme la plus grande fixité, lorsqu'ils agissent avec le tourne-vis, et ménager le bois, en retirant les pièces de leurs encastrements.

Le chien ayant été mis au cran du bandé, le soldat placera l'arme verticalement dans la main gauche, le bout du canon sur la pointe du pied et la crosse appuyée contre l'épaule gauche, la platine en dehors, l'arme maintenue fortement dans la main gauche, dont la paume servira d'appui au corps de la platine ; serrer le poignet gauche au corps et présenter la tête des vis à la main droite, qui tiendra le tourne-vis, l'extrémité de la boîte dans la paume de la main et les doigts allongés autour de la boîte, de manière à la faire tourner facilement ; dévisser les vis et les retirer.

Pour ôter la goupille du battant de sous-garde, on se sert du chasse-goupille. Lorsqu'on la remet, on a soin de de la diriger de manière que la tête arrive bien dans son encastrement.

Pour enlever le pontet, on le fait pivoter autour du crochet à bascule.

Pour retirer la vis de culasse, placer l'arme comme pour ôter les vis de la platine, excepté que la main gauche servira d'appui à l'écusson et présentera la tête de la vis de culasse à la main droite, la dévisser et l'enlever. Pour la replacer, on aura soin de faire appuyer fortement la sous-garde contre le bois, afin que les filets de la vis s'engagent bien dans le taraudage de l'écusson, précaution sans laquelle le taraudage serait bientôt détérioré.

Pour ôter le canon, renverser l'arme dans la main gauche, la sous-garde en dessus, la bouche du canon vers la terre et le bout appuyé sur un banc ou une table, frapper légèrement sur la poignée avec la main droite pour que le canon reste entre les doigts de la main gauche, et le maintenir avec les doigts, jusqu'à ce que la main droite ait enlevé tout-à-fait le bois.

Veiller, avant d'enlever le bois, à ce que le canon se détache d'abord par la culasse.

Pour l'écusson, engager le crochet à bascule dans la mortaise et agir par de petits mouvements de bascule. S'il tient trop fortement, engager la vis de culasse dans son trou et la pousser doucement sans la faire tourner.

On ôte la vis d'écusson par un moyen analogue à celui employé pour les vis de platine et de culasse.

Lorsqu'on devra remonter la cheminée, l'engager d'abord avec les doigts, pour ne pas faire contremordre les filets, et la mettre ensuite à fond avec la clé. Le logement aura été préalablement nettoyé avec soin, et la partie filetée bien graissée.

Pour démonter le grand ressort de la platine, mettre le chien au bandé ; ajuster le monte-ressort sans le serrer, abattre le chien, ôter la vis et enlever le ressort.

Pour enlever le ressort de gachette, on frappe sur le dos du ressort pour dégager le tenon de sa mortaise, la vis n'étant que desserrée ; pour le replacer, exercer une pression avec le pouce de la main droite ; pour faire entrer le tenon dans la mortaise, achever de tourner la vis, qui n'était qu'à demi engagée.

Pour dégager la noix et le chien, placer le chasse-noix dans le trou de la vis de noix, l'y maintenir d'aplomb et frapper sur le gros bout avec le nécessaire d'armes.

Pour mettre la platine dans son encastrement, mettre le chien au bandé, soulever la détente et presser la platine à fond pour y engager les deux grandes vis.

Pour reconnaître les vis de la platine, on observera que la vis de noix a la tête d'un plus grand diamètre que les autres vis, et que celles-ci suivent cet ordre de longueur, en commençant par la plus courte :

1° La vis du grand ressort.

2° La vis du ressort de gachette.

3° La vis de bride.

4° La vis de gachette.

Les deux grandes vis de platine ont la même grosseur ; celle de devant est la plus longue, elle porte, à son extrémité, une petite entaille, qui sert à la faire reconnaître.

En remontant la platine, on doit mettre les vis à fond, sans trop les serrer, surtout celle de la gachette, parce qu'il en résulterait des frottements qui diminuent l'action des ressorts et par suite l'effet de la platine.

ACCESSOIRES NÉCESSAIRES AU SOLDAT.

Pour assurer l'exécution du règlement sur la conservation et l'entretien des armes, chaque escouade devra être pourvue des instruments ci-après :

1° Une clé de cheminée.

2° Un monte-ressort.

Chaque soldat devra posséder :

1° Un nécessaire d'armes complet.

2° Deux cheminées de rechange, en campagne.

3° Un bouchon pour empêcher l'introduction de corps étrangers dans le canon.

4° Deux tampons, l'un en peau de buffle, l'autre en drap graissé. Le premier est destiné à recouvrir la cheminée dans toutes les circonstances, excepté quand l'arme est chargée ou dans les chambres ; l'autre, en drap graissé, doit se placer sur la cheminée, dans les chambres, et en route, par les mauvais temps.

5° Deux boîtes en fer-blanc, l'une renfermant la graisse, l'autre le cirage à l'usage de l'équipement.

6° Une baguette en bois, percée à son extrémité pour laver le canon, l'essuyer et le graisser.

7° Une pièce grasse ou morceau de drap de 15 à 20 centimètres carrés, imprégné de graisse.

8° Un morceau de linge.

9° Une petite brosse douce, à manche.

10° Des curettes de bois tendre ou des brosses rudes (1).

(1) PRÉPARATION DE LA GRAISSE. — Prendre un 1/2 kilogramme d'huile d'olive de bonne qualité, et 1/4 de kilogramme de graisse de mouton ; faire fondre la graisse, la passer à travers un linge un peu clair, la mêler immédiatement après avec l'huile, jusqu'à ce qu'elle ait la consistance d'une pommade de couleur blanche.

COMPOSITION ET PRÉPARATION DU CIRAGE POUR L'ÉQUIPEMENT.

Pour 5 kilogrammes, quantité suffisante à l'entretien d'une compagnie pendant un an :

Cire jaune. . . . . 1 kil. 500

NETTOYAGE DES ARMES.

Le poli brillant est expressément défendu pour toutes les pièces de l'arme.

Lorsqu'elles seront fortement rouillées, on emploiera pour les nettoyer de l'émeri pulvérisé et de l'huile d'olive ; on frottera les pièces avec des curettes de bois tendre. A défaut d'émeri, on pourra se servir de grès pulvérisé, tamisé et humecté d'huile. On essuiera toutes les parties nettoyées avec un linge sec, et on passera la pièce grasse sur toutes les surfaces, dans l'intérieur des garnitures et surtout autour des pivots.

On fera pénétrer l'onctuosité de la graisse dans les filets des vis et toutes les parties taraudées, et on frottera avec la pièce grasse le logement du canon et le ressort de baguette. On ne graissera pas l'encastrement de la platine.

On nettoiera le cuivre avec du tripoli et un peu de vinaigre

Report. . : . .	1 kil.	500
Cire blanche pour mitiger l'effet de la cire jaune, qui est trop grasse).	0	500
Essence de térébenthine.	3	750
Noir d'ivoire.	0	500
Arcanson (espèce de résine employée pour obtenir un plus beau lustre).	0	062
	6 kil.	312

Râper la cire en très-petits morceaux, la mettre dans un pot vernissé, verser l'essence de térébenthine, laisser reposer 24 heures, pour donner le temps à la cire de se dissoudre entièrement, incorporer le noir d'ivoire très-intimement. Immédiatement après, cette préparation peut être employée, et n'est sujette à aucune détérioration.

ou d'eau-de-vie ; on frottera chaque pièce avec un morceau de drap ou de linge et jamais avec une curette ou brosse quelconque.

On évitera avec soin de ne jamais graisser les pièces en cuivre.

Soins particuliers pour le canon et la platine.

Le canon doit être frotté en l'appuyant de toute sa longueur sur une table ou sur un banc, pour éviter qu'il ne se fausse.

Après chaque tir, le nettoyage du canon se fera avec la cheminée, et le canon sera démonté, sans qu'on enlève la platine.

On attachera un morceau de chiffon à la baguette en bois, on la fera entrer dans le canon, après l'avoir empli d'eau, et l'on fera agir la baguette par un mouvement de va-et-vient, jusqu'à ce que l'eau, que l'on renouvellera plusieurs fois, sorte claire.

Ne jamais employer la baguette en acier pour cette opération, afin d'éviter d'agrandir le calibre et de déformer l'âme du canon.

Renverser le canon pour le faire égoutter quelque temps.

Souffler dans le canal de la cheminée.

Passer un linge sec à frottement, puis un linge graissé dans l'intérieur du canon et la pièce grasse sur les parties extérieures.

Introduire aussi profondément que possible dans le canal de la cheminée un bout de linge roulé.

La platine, nettoyée en place après le tir, ne nécessitera, en général, que le nettoyage de la fraisure du chien qui, se fera avec un linge humide; on passera ensuite un linge gras entre le chien et le corps de platine.

Lorsque celle-ci sera enlevée du bois, elle sera essuyée avec soin à l'intérieur, au moyen d'un linge sec et de curettes, afin d'en retirer la vieille graisse.

On mettra ensuite de la graisse bien étendue sur la brosse douce à manche et on graissera l'ensemble du mécanisme intérieur, en ayant soin de mettre le chien au bandé pour que les crans de la noix soient bien atteints par la brosse.

Quand la platine sera démontée, on nettoiera chaque pièce ainsi qu'il a été dit et on aura bien soin de ne laisser ni émeri, ni brique, ni autre substance dans les trous du corps de platine.

La lame de la baïonnette ne doit être frottée que comme le canon, en l'appuyant de toute sa longueur; la baguette doit être frottée avec la pièce grasse et particulièrement à sa partie filetée.

CONSERVATION DES ARMES.

Lorsque le soldat devra se servir de son arme, il l'essuiera avec un linge sec, mettra une goutte d'huile à la bague et passera la pièce grasse dans la douille; il devra aussi l'essuyer après une prise d'armes et passer ensuite toutes les parties en fer à la pièce grasse, de manière à leur donner cette couleur de blanc mat qui caractérise une légère onctuosité.

C'est dans cet état que l'arme doit toujours être, lorsqu'elle est au râtelier.

Dans les marches, l'intérieur du canon doit être mis à l'abri de la poussière et de l'humidité, au moyen du tampon du canon; les armes au râtelier doivent aussi être munies de ce tampon et d'un autre, en drap graissé, sur la cheminée.

Le chien doit constamment être à l'abattu, afin de ne pas fatiguer inutilement le ressort et pour empêcher la capsule de se perdre, lorsqu'elle est sur la cheminée.

Dans les feux, les soldats auront la plus grande attention de ne pas mettre plusieurs cartouches dans le canon, pour prévenir le gonflement de celui-ci; par la même raison, ils se garderont bien de tirer sans que la balle ne soit à fond, car, dans le cas contraire, le canon viendrait à éclater.

INSPECTION DES ARMES.

On fera exécuter les réparations aussitôt qu'elles auront été reconnues nécessaires, et remplacer les objets aussitôt perdus ou hors d'état de servir.

On examinera si l'arme est propre et sans rouille. L'attention doit se porter principalement sur les côtés du canon, à sa jonction avec le bois. Voir si la baïonnette ne se rouille pas, si la douille affleure la tranche de la bouche du canon, si la bague se meut facilement, si l'embase est bien nettoyée, si l'intérieur de la douille n'est pas rouillé.

On mettra le chien au bandé, on examinera la cheminée, on y passera l'épinglette, pour s'assurer si le canal est bien net; on s'assure que la platine est en bon état, bien montée, qu'elle s'applique bien contre le pan du canon, sans que les vis soient trop serrées.

On vérifie si elle appelle bien, si les mouvements présentent un certain moelleux; on est assuré que les crans de la noix sont en bon état, lorsque le bec de la gachette tombe franchement dans les crans; qu'ils n'ont subi, ainsi que le bec de la gachette, aucune altération, lorsque le départ n'est pas trop dur et que la détente ne file pas.

On vérifie si le chanfrein de la cheminée n'est pas refoulé; si cette derniere, par suite de réparations, n'est pas devenue trop courte, et on termine cet examen en vérifiant si les parties en fer et en bois n'ont pas été mutilées.

Observation essentielle.

On s'abstiendra, dans l'inspection des armes, de chasser la baguette avec force dans le canon et de la frotter contre les parois de l'âme, pour s'assurer que cette dernière n'est pas rouillée. Cette opération présente le double inconvénient de détériorer la tête de la baguette et d'agrandir et de déformer l'âme du canon. Ce dernier est nuisible à la justesse du tir.

ENTRETIEN DES SABRES.

Tout ce qui a été dit relativement au nettoiement des parties en fer et en cuivre des armes à feu, s'applique également aux parties de même métal des armes blanches. On ajoutera toutefois les observations suivantes :

Lorsque l'huile ou la graisse qu'on a mise sur une lame s'est desséchée dans le fourreau, il ne faut employer pour l'enlever que de l'huile nouvelle, qu'on laisse sur la tache pendant quelque temps; après quoi, on enlève le tout en frottant avec un linge.

Lorsqu'un fourreau en cuir a été mouillé, il faut en retirer la lame et le faire sécher sans le chauffer; ensuite, on frotte la lame avec un linge légèrement imprégné d'huile, avant de la remettre dans son fourreau.

On aura soin pareillement de graisser les lames avant de mettre les armes en magasin ; car, si on les laissait rouiller fortement, elles deviendraient trop minces et par conséquent hors de service, après quelques nettoyages.

Enfin, il serait bon de graisser légèrement les fourreaux en cuir, particulièrement sur la couture.

CHAPITRE 4.

TRANSFORMATIONS DES FUSILS A SILEX. — COMPARAISON DU SYSTÈME A SILEX AVEC LE SYSTÈME A PERCUSSION.

A l'époque où l'adoption du système percutant, appliqué aux armes de guerre, fut définitivement assurée, on dut s'occuper de créer de nouvelles armes et de rechercher les moyens d'utiliser les masses d'armes à silex qui se trouvaient, tant dans les arsenaux, que dans les mains des troupes, et qu'il eût fallu, sans cela, abandonner comme du vieux fer.

On travailla donc à transformer les armes du système 1822, et on leur fit subir les modifications nécessaires pour les amener à posséder les avantages du système à percussion.

Le mécanisme intérieur de la platine a été en entier conservé, et cette partie n'a subi de modifications qu'à l'extérieur.

Le mode particulier de production du feu a permis de supprimer *le bassinet et sa vis*, *la batterie et sa vis*, *le ressort de batterie et sa vis*, *la mâchoire supérieure et la vis de chien*, ce qui a réduit le nombre des pièces de la platine à douze, au lieu de vingt, dont se composait l'ancienne.

On a remplacé le chien par un autre d'une seule pièce à tète fraisée et crète quadrillée.

L'emplacement du bassinet a été rempli par un morceau de fer qu'on y a ajusté; les trous des vis supprimées ont été bouchés et limés ensuite.

On a profité du passage des fusils dans les manufactures pour déplacer et changer le guidon, autrefois en cuivre; il a été pourvu d'une embase, brasée sur le canon même, et on a placé sur la queue de culasse une hausse fixe, portant une encoche, par où passe le rayon visuel du tireur.

On a profité de la même circonstance pour alaiser les canons au calibre de 0m018, ce qui permet d'employer les munitions des puissances étrangères, diminue le vent de 0m0002, par rapport à l'ancien calibre, ajoute à la justesse du tir, donne la faculté de réduire la charge de poudre, puisque le projectile est plus pesant et, en outre, a évité de réformer une grande quantité de fusils ayant atteint le calibre de rebut, qui était alors de 0m018.

Le canon a subi deux opérations différentes. En 1840, on a scié cette pièce au ras de la lumière; l'ancienne culasse a été remplacée par une nouvelle culasse à chambre, en fer cémenté, qu'on a vissée dans le canon.

Cette culasse porte une boîte taraudée pour recevoir la cheminée.

Cette opération, qui revenait de 9 à 10 fr., ayant été trouvée trop coûteuse, a été modifiée de la manière suivante, en 1842 :

On a percé un trou sur le pan droit du canon ; ce trou a été taraudé pour recevoir un cylindre en acier, dans lequel on a pratiqué la boîte taraudée qui sert de logement à la cheminée. L'ancienne lumière a été bouchée avec un grain.

L'addition de la hausse et le déplacement du guidon sont communs aux deux transformations ; la deuxième transformation domine dans l'armée.

Cette transformation, beaucoup plus simple que la première, ne coûte que de 4 à 5 francs.

On a aussi décidé, en 1843, qu'un cran de sûreté serait ajouté à la noix des fusils transformés.

On a construit, en 1840, un premier modèle de fusil percutant, muni, comme celui transformé dans la même année, d'une culasse à chambre en fer cémenté, du même calibre que celui du canon. En agrandissant le calibre de ces deux armes, construites avant qu'on eût décidé cet agrandissement, on n'a rien changé à celui de la chambre, de sorte qu'elle présente au fond de l'âme un ressaut de $0^{m}00025$.

Les arêtes de la monture du fusil, modèle 1840, ont été arrondies jusqu'à la capucine.

Il existe, en outre, dans les manufactures, un fusil percutant neuf, modèle 1842, destiné à être mis en service, lorsqu'on aura écoulé les armes transformées.

Voici les différences qui existent entre ce fusil et celui de la deuxième transformation.

La masselotte, en acier, est soudée sur le tonnerre, au lieu d'y être vissée.

Le bouton de culasse entre dans le canon en tournant *de droite à gauche*, tandis que, suivant l'usage, il devait tourner *de gauche à droite*. Par suite de cette disposition, le choc du chien sur la partie droite du canon tend toujours à fier plus étroitement la culasse au canon.

La touche de la détente a été allongée et recourbée, ce qui rend l'action du doigt plus facile.

La fente que traverse la détente, dans l'écusson, est placée sur le côté de l'axe de celui-ci.

Les arêtes du bois sont toutes supprimées. La joue l'est pareillement.

La platine ne se composé que de dix pièces. Le ressort de gachette et sa vis ont été supprimés.

Le grand ressort, composé de deux branches mobiles, remplit les fonctions de grand ressort et de ressort de gachette. La vis est supprimée. Il est maintenu par un tenon, par son pivot et par sa griffe, fendue pour s'agrafer avec une chainette, pièce d'articulation qui communique le mouvement de la grande branche à la noix.

La gachette, au lieu d'être maintenue par une vis, qui peut être plus ou moins serrée, est munie d'un double pivot. Cet axe de rotation s'engage, d'un côté, dans le corps de platine, de l'autre, dans la bride.

L'arbre de la noix est un *six pans*, qui fixe le chien plus solidement que le carré de l'ancienne, parce que les angles obtus d'un hexagone régulier se conservent mieux que les angles droits d'un carré et parce qu'on enlève à l'arme moins de métal.

La noix porte un cran de sûreté et un cran de bandé.

L'ancienne avait un cran de repos et un cran de bandé. Au cran de repos, le chien ne devait pas partir ; il part au cran de sûreté, mais il est alors trop rapproché du sommet de la cheminée pour faire détonner la capsule. Le chien, abattu sur la capsule, ne peut jamais être relevé assez haut, par une cause accidentelle quelconque, pour pouvoir, par sa chute, faire partir la capsule ; car s'il n'était relevé que jusqu'au cran de sûreté, la capsule ne partirait pas lorsqu'il retombe ; s'il était relevé plus haut, le bec de la gachette, s'engageant dans le cran de sûreté, arrête le chien à ce dernier cran.

Le chien a la fraisure plus large que celle du chien du fusil 1840.

Le corps de platine est arrondi à ses extrémités. Il est maintenu sur le bois par deux vis, dont l'une reste à poste fixe dans le bois et sous laquelle vient se placer la partie fraisée de la queue de platine. Cette vis n'est point fendue, mais elle a deux trous, ce qui met le soldat dans l'impossibilité de la retirer ; l'autre vis repose sa tête sur le centre de la partie arrondie du devant du corps de platine, pénètre dans le bois et se visse sur la gauche de l'arme dans une rosette porte-vis, qui lui sert d'écrou.

La différence entre cette arme et le fusil modèle 1840 consiste principalement dans le canon, les arêtes du bois et la manière de visser la culasse.

Comme dans le fusil modèle 1840 et les fusils transformés en 1840 et 1842, le calibre est de 0m018 ; la balle, de 0m017 de diamètre, pèse 29 gr. 3 ; en d'autres termes, elle est de 34 au kilogramme.

La charge de poudre, qui, dans le fusil à silex, était de 10 gr. 52 ; qui, ensuite, dans les premières armes à percussion, au calibre de 0m0175 et tirant des balles de 25 gr. 6, avait été fixée à 9 grammes, est de 8 grammes seulement pour le fusil modèle 1842, comme pour tous ceux transformés, alaisés au calibre de 0m018.

Comparaison du système à silex et du système à percussion.

Malgré le degré de perfection où elles étaient arrivées, les armes à silex sont bien inférieures à celles à percussion.

Nous allons énumérer succinctement les défauts des unes et les avantages des autres.

Les armes à silex présentaient les défauts suivants: leur platine était très-compliquée et se détraquait facilement. Il était surtout difficile de maintenir l'harmonie qui devait exister entre le grand ressort et le ressort de batterie. L'amorce du bassinet était toujours trop forte ou trop faible, de telle sorte que, sur deux coups, tirés consécutivement par la même arme, la charge n'étant plus la même, la justesse et la portée se trouvaient aussi changées d'un coup à l'autre. L'amorce pouvait être mouillée par la pluie ou chassée par le vent, ou faire long feu, ou ne pas être enflammée, soit parce que la pierre ne donnait pas d'étincelles, soit parce que ces étincelles ne tombaient pas dans le bassinet. L'inflammation de la charge était loin d'être instantanée, car il fallait d'abord que le chien vînt frapper la face de la batterie, que celle-ci se découvrît et que l'amorce fût enflammée pour que la charge prît feu à son tour. Au bout d'un certain nombre de coups, le mécanisme de la batterie s'encrassait, la lumière s'obstruait, la face de la batterie et le tranchant de la pierre se salissaient et les ratés se multipliaient dans une progression très-rapide. La ligne de mire n'était déterminée sur le canon que par un seul point et, encore, ce point pouvait varier, car l'embouchoir sur lequel il était brasé, avait plus ou moins de jeu sur le bois (1). La charge de poudre donnait un recul, dont le désagrément, joint à celui du crachement de la lumière et des éclats de la pierre, n'était pas de nature à diminuer la répugnance du tireur ; enfin, quand la pierre avait besoin d'être retaillée ou remplacée, cette opération, outre la perte de temps qu'elle entrainait, devenait dangereuse en face de l'ennemi.

Les armes à percussion présentent sur celles à silex les avantages suivants :

Le nombre des ratés de platine est considérablement réduit, parce que le jeu de la nouvelle platine est notablement simplifié et que l'amorce est à l'abri de l'humidité, du vent et de la pluie ; la quantité de poudre d'amorce étant toujours la même, il n'y a plus à s'inquiéter de remplir trop ou trop peu le bassinet, et les ratés, qui provenaient de la détérioration de la pierre, de son encrassement et de celui de la batterie, après un certain nombre de coups, ne sauraient plus avoir lieu, puisque la pierre, le bassinet et la batterie sont supprimés.

Si nous considérons que le jet de flamme produit, sous l'action du chien, par la poudre fulminante est doué d'une énergie suffisante pour communiquer le feu à la charge, malgré la crasse qui pourrait obstruer le canal de la lumière d'un coup à l'autre, et que, d'un autre côté, l'inflammation de l'ancienne amorce, ayant lieu de proche en proche, avec beaucoup moins d'énergie et d'instantanéité, présentait bien moins de certitude, puisque d'ailleurs la trainée de poudre

(1) Ce défaut, n'étant pas inhérent au système à silex, ne devrait pas être mentionné dans la comparaison des deux systèmes, puisqu'il était facile de le faire disparaître. Aussi n'est-ce que pour mémoire que nous l'avons fait entrer ici en ligne de compte.

pouvait être interrompue, nous serons conduits à reconnaître que les ratés de canon doivent être bien moins fréquents.

La justesse du tir a été considérablement augmentée par suite : 1° de l'uniformité parfaite des charges de poudre ; 2° d'une inflammation plus prompte, qui n'expose pas le tireur à déranger son arme avant que le coup soit parti ; 3° de la suppression des longs feux ; 4° de l'addition de la hausse et du placement du guidon sur le canon ; 5° d'un recul moindre, en raison de la diminution de la charge.

La charge a été notablement diminuée, parce que l'amorce n'est plus prise sur la charge et que le crachement est presque supprimé ; ensuite, parce que l'inflammation plus prompte fait produire les mêmes effets avec moins de poudre, et que l'action de la poudre fulminante s'ajoute, en outre, aux effets de la charge (1).

Il y a donc économie de poudre et économie de pièces d'armes.

La cartouche, il est vrai, est plus compliquée, puisqu'elle se compose de deux parties séparées : la capsule et la charge ; mais cet inconvénient est suffisamment compensé par la suppression des pierres à feu et des plombs qui les enveloppaient.

Les avantages que nous venons d'énumérer ne résument pas à eux seuls la supériorité du système à percussion ; il est facile d'en présenter d'autres, minimes en apparence, mais au fond dignes de remarque. Par exemple, le soldat, déjà intéressé, à cause du recul, à l'économie de poudre, quoique d'ailleurs le poids du paquet de cartouches se trouve augmenté ; le soldat, disons-nous, ne manquera pas de remar-

(1) La diminution du vent et l'augmentation de poids de la balle ont permis aussi de réduire la charge de poudre.

quer que, par suite de la suppression d'un certain nombre de pièces, le nettoyage et l'entretien de son arme est bien plus facile, surtout après le tir, puisqu'il peut laver le canon sans ôter la platine ; et, pour lui, il n'y a pas seulement économie de temps, mais encore, il n'a plus à craindre de payer le bassinet, et l'on n'a pas oublié combien cette dépense était fréquente.

TABLEAU

FAISANT CONNAITRE LES DIMENSIONS PRINCIPALES, LES CHARGES ET LES BALLES DES FUSILS D'INFANTERIE ET DE VOLTIGEURS, ET DU MOUSQUETON DE GENDARMERIE QUI ARME LES SAPEURS ET CLAIRONS DES RÉGIMENTS D'INFANTERIE.

DÉSIGNATION des OBJETS.	FUSILS MODÈLE 1822, TRANSFORMÉS. d'infant.	FUSILS MODÈLE 1822, TRANSFORMÉS. de voltig.	MOUSQUETON de gendarmerie, MODÈLE 1825, TRANSFORMÉ.	OBSERVATIONS.
Calibre ou diamètre intérieur du canon. . .	$0^{m}018$	$0^{m}018$	$0^{m}0176$	Dans les fusils à silex, le calibre était de $0^{m}0175$, et la balle, de 16 au demi kilog., pesant par conséquent $0^{k}0256$, avait un diamètre de $0^{m}0163$. La différence entre le diamètre du canon et celui de la balle était de $0^{m}0012$. Cette différence n'est plus aujourd'hui que de $0^{m}001$. La charge de poudre était de $0^{k}01052$; en 1840, elle a été réduite à $0^{k}009$ par suite de l'adoption du système à percussion, et enfin, en 1842, la diminution du vent (1) l'a amenée à $0^{k}008$, qui est la charge réglementaire
Id. de la balle.	0 017	0 017	0 017	
Longueur du canon. .	1 083	1 082	0 7577	
Longueur de la lame de baïonnette.	0 4602	0 4602	0 4602	
Longueur de l'arme sans baïonnette. . .	1 4753	1 4212	1 1502	
Longueur totale de l'arme.	1 9352	1 881	1 6104	
Diamètre du canon à la bouche	0 0214	0 0214	0 0214	
Diamètre du canon au tonnerre	0 0316	0 0316	0 0303	
Poids du canon. . . .	$1^{k}91$	$1^{k}862$	$1^{k}49$	
Poids de la platine. .	0 425	0 425	0 308	
Poids de la baïonnette	0 373	0 373	0 327	
Poids de la baguette.	0 235	0 235	0 148	
Poids de l'arme sans baïonnette. .	4 228	4 211	3 285	
Poids de l'arme avec la baïonnette	4 591	4 584	3 612	
Poids de la balle. . .	0 0293	0 0293	0 0293	
Poids de la charge de poudre. . . .	0 008	0 008	0 0055	

(1) On appelle *vent* la différence entre le calibre de la balle et celui du canon.

CHAPITRE 5.

RÈGLES GÉNÉRALES DE TIR. — LEUR APPLICATION AU FUSIL PERCUTANT D'INFANTERIE ET AU MOUSQUETON DE SAPEURS. — CAUSES DE DÉVIATION.

Les principes généraux du tir, applicables à toutes les armes à feu portatives, se déduisent des relations qui existent entre la ligne de tir, la ligne de mire et la trajectoire.

La ligne de tir est l'axe du canon indéfiniment prolongé. Cette ligne représente la direction que la balle tend à suivre, à l'instant où, chassée par la poudre, elle sort du canon. La balle suivrait cette ligne, sans jamais dévier, si elle n'était soumise qu'à la force de projection de la poudre.

La ligne de mire est le rayon visuel passant par le fond de l'encoche de la hausse et le pied du guidon, et, dans ce cas, on la nomme ligne de mire artificielle. A défaut des hausses et des guidons, la ligne droite passant par les points les plus élevés du tonnerre et du devant du canon, est dite ligne de mire naturelle.

La trajectoire est la ligne courbe que décrit la balle pendant son trajet dans l'air (1).

(1) La trajectoire est tout entière au-dessous de la ligne de tir et s'abaisse de plus en plus au-dessous de cette ligne, à mesure qu'elle s'éloigne de la bouche du canon.

Le projectile doit être considéré comme soumis à deux mouvements; l'un, dans le sens de l'axe du canon, provenant de la force de projection de la poudre; l'autre, dans le sens de la verticale, provenant de la force de la pesanteur qui l'attire vers la terre. — La vitesse du premier de ces mouvements décroît constamment, par suite de la résistance que l'air

On appelle plan de tir le plan vertical qui contient la ligne de tir et la trajectoire. Pour le bien concevoir, il suffit de supposer un fil à plomb suspendu en chacun des points de la ligne de tir. Il est essentiel que le tireur place et maintienne la ligne de mire dans ce plan.

La ligne de mire est inclinée sur la ligne de tir et l'angle qu'elle forme avec celle-ci, se nomme angle de mire.

L'angle de tir est celui que la ligne de tir fait avec l'horizontale, au moment du tir.

L'angle de mire est égal à l'angle de tir, lorsque le but est au même niveau que la bouche de l'arme.

Généralement, la trajectoire rencontre la ligne de mire en deux points : l'un, très-rapproché de la bouche du canon (il est de 1^m^50 à 2^m^00 environ pour le fusil d'infanterie); l'autre, plus éloigné.

Ce second point d'intersection de la trajectoire et de la ligne de mire se nomme but-en-blanc, et la distance, de la bouche du canon à ce point, portée de but-en-blanc.

Le but-en-blanc est considéré comme constant pour une même arme, car, à la guerre, la charge de poudre, la balle, et, à peu de chose près, l'inclinaison de la ligne de mire sur l'horizon, restent également constantes.

En jetant les yeux sur la figure 4, on se rend parfaitement compte de la manière dont on doit se servir d'une arme ayant un but-en-blanc.

1° Si le but est placé entre la bouche du canon et le pre-

oppose à la balle. La vitesse du second va sans cesse en augmentant, selon la loi de la chute des corps pesants.

Sollicitée par ces deux forces, dont l'une la chasse en avant, et l'autre tend à l'abaisser vers la terre, la balle prend une direction intermédiaire et suit une ligne courbe, qui n'est autre que la trajectoire.

mier point où la trajectoire coupe la ligne de mire, il faut viser au-dessus. Le rapprochement de ce point avec la bouche de l'arme, nous laisse voir que l'occasion d'effectuer le tir à cette distance doit être bien rare ; mais, le cas échéant, on suivrait les règles indiquées.

2° Si le but est entre les deux intersections, il faut viser au-dessous du but.

3° Si le but est à l'une des deux intersections, il faut viser le but même.

4° Si le but est au-delà de la deuxième intersection, il faut viser au-dessus du but, et d'autant plus au-dessus que le but est plus éloigné.

En effet, nous voyons, dans le second cas, qu'en visant le but même, nous ne l'atteindrions pas, puisque la trajectoire passe au-dessus.

De même dans le quatrième cas, en visant le but même, nous ne le frapperions point, puisque la trajectoire passe au-dessous de la ligne de mire.

Dans le second cas, la balle passera au-dessus du but ; dans le quatrième, elle ricochera en avant du but.

Lorsqu'une arme n'a pas de but-en-blanc, il faut constamment viser au-dessus du but pour l'atteindre, puisque la trajectoire passe constamment au-dessous de la ligne de mire. C'est ce qui avait lieu avec le fusil d'infanterie muni de sa baïonnette, avant qu'on ait imaginé d'y adapter une hausse.

Si l'on augmente l'épaisseur du canon au tonnerre, sans faire subir à l'arme d'autre changement, il est facile de voir (fig. 5) que l'on aura augmenté l'angle de mire et par suite la portée de but-en-blanc, puisque le second point d'intersection de la ligne de mire et de la trajectoire s'éloignera de la bouche de l'arme.

Si, au lieu d'accroître l'épaisseur du tonnerre, on y place une tige métallique qui exhausse la ligne de mire, on obtiendra un angle de mire plus grand, et, comme nous venons de le dire, une portée de but-en-blanc plus grande, jusqu'à la limite de la portée maximum de l'arme.

Ainsi donc, les hausses sont des tiges graduées qu'on adapte au tonnerre des armes à feu, afin de faire varier l'angle de mire et conséquemment la portée de but-en-blanc.

La longueur du canon est encore une des causes qui font varier l'angle de mire.

Ainsi, nous voyons (fig. 6) que, de deux canons ayant les mêmes épaisseurs au tonnerre et à la bouche, le plus court aura le plus grand angle de mire. On conçoit, d'après cela, qu'une arme plus courte qu'une autre, employant une balle de même calibre, mais une charge plus faible et donnant une portée absolue moindre, puisse avoir un but-en-blanc plus éloigné, lorsque la différence des épaisseurs au tonnerre et à la bouche est à peu près la même dans les deux armes.

Nous venons de donner les règles de tir d'une manière générale. Evidemment, ces règles ne suffisent pas pour nous guider dans la pratique, car, ici, il ne suffit pas de savoir qu'en-deçà du but-en-blanc, il faut viser au-dessous, qu'au-delà, il faut viser au-dessus ; il faut encore savoir de quelle quantité il faut viser au-dessous ou au-dessus. Il n'importe pas moins de connaître à quelle distance le but-en-blanc se trouve situé.

Les expériences, faites pour le fusil percutant d'infanterie, ont démontré qu'à 100 mètres la trajectoire passait à 0m32 au-dessus de la ligne de mire, qu'à 125 mètres elle s'élevait encore au-dessus de cette ligne de 0m20, et qu'à 150 mètres elle venait la couper pour la deuxième fois ; qu'à 175 mètres la trajectoire s'abaissait au-dessous de la ligne de mire de 0^{m}32, et qu'enfin à 200 mètres elle s'abaissait de 0^{m}79.

D'où il résulte qu'à 100 mètres, il faut viser à 0^{m}32 au-dessous du but pour l'atteindre ; à 125 mètres, à 0^{m}20 encore au-dessous, puisque, à ces diverses distances, la trajectoire s'élève de ces quantités au-dessus de la ligne de mire ; qu'à 150 mètres il faut viser le but même, puisque le but-en-blanc du fusil à percussion est situé à cette distance ; qu'à 175 mètres il faut viser à 0^{m}32 au-dessus du but, et à 200 mètres, à 0^{m}79 au-dessus du but, puisque la trajectoire, à ces deux dernières distances, s'abaisse de ces mêmes quantités au-dessous de la ligne de mire.

La forme de la trajectoire (1) montre que, vers la distance de 75 mètres, il faudrait viser à peu près comme à celle de 125 mètres, c'est-à-dire à 0^{m}20 au-dessous ; de la bouche de l'arme à 50 et à 60 mètres, la trajectoire s'écartant très-peu de la ligne de mire, on peut viser le but même. On pourrait même dire que, jusqu'à 150 mètres, il n'y a pas d'inconvénient dans la pratique à tirer de but-en-blanc à toutes les distances comprises dans cet intervalle.

On a pu déterminer des règles de tir au-delà de 200 mètres. On a reconnu que la trajectoire s'abaissait au-dessous de la ligne de mire :

à 225 mètres, de 1^{m}10
à 250 mètres, de 1^{m}80
à 300 mètres, de 3^{m}50
à 400 mètres, de 10^{m} environ.

On pourrait donc atteindre à la ceinture un fantassin placé à 225 mètres, en visant au sommet de la coiffure. De même,

(1) Voyez la planche II des règles du tir à la cible.

en visant au sommet de la coiffure d'un cavalier situé à 250 mètres, on pourrait atteindre le cheval.

Mais, aux distances de 300 et 400 mètres, le manque de points de repère rend le tir à peu près impraticable, outre qu'à ces distances, les écarts des balles étant très-considérables, les chances d'atteindre sont fort incertaines.

Au moyen de ces données, il a été facile de disposer sur une cible les cinq bandes correspondant aux distances de 100, 125, 150, 175 et 200 mètres.

La cible d'infanterie représente un homme équipé, dont la hauteur peut atteindre 2 mètres, lorsqu'on tient compte de la coiffure. Sa largeur est de $0^{m}57$.

La cible se compose d'un cadre en fer, relié par trois traverses boulonnées; celle du milieu porte un anneau qui s'unit à un arc-boutant à crochet, servant à maintenir la cible. Les deux montants se prolongent vers le bas et se terminent en pointes de $0^{m}25$ à $0^{m}30$ de longueur, pour les piquer en terre. Le cadre est entouré d'un manchon en toile, sur lequel on colle du papier, qui finit par acquérir la consistance du carton.

Lorsqu'on tire sur un homme, on doit se proposer de l'atteindre au milieu du corps, c'est-à-dire à la ceinture, par la raison qu'en cherchant à le frapper en cette partie du corps, on commettra une erreur moins grande que si l'on choisissait toute autre partie.

Comme on suppose la taille moyenne d'un homme de $1^{m}78$, on a placé à $0^{m}89$ du pied de la cible, une mouche ou cercle central qui représente la ceinture et qui est le but que l'on cherche à atteindre à toutes les distances.

Les autres bandes, dont nous donnons les dimensions et la position dans la planche des règles de tir, sont mesurées à partir du centre de la mouche. Nous voyons que, si le corps d'un homme est appliqué contre la cible, la bande inférieure correspondra au milieu des cuisses ; la 2e bande, au bas-ventre ; le cercle central, à la ceinture ; la 3e bande, à la poitrine ; la bande supérieure, au front.

Les règles de tir, appliquées à un fantassin, sont donc les suivantes :

à 100 mètres, — viser le milieu des cuisses ;
à 125 mètres, — viser le bas-ventre ;
à 150 mètres, — viser la ceinture ;
à 175 mètres, — viser la poitrine ;
à 200 mètres, — viser le front.

Ces règles doivent être rappelées au soldat chaque fois que l'on tire à la cible.

Avec le fusil d'infanterie on doit viser à guidon plein, c'est-à-dire que le rayon visuel doit passer par le fond de l'encoche de la hausse et l'embase du guidon, de telle sorte que le guidon dérobe la vue du point visé.

Si l'on visait à guidon fin, le but-en-blanc se trouverait rapproché.

Pour tirer sur un fantassin isolé en repos, il faut viser de bas en haut, par la raison qu'il présente plus d'étendue en hauteur qu'en largeur, et, qu'en outre, en élevant l'arme, il est toujours au-dessus du guidon, ce qui le rend plus visible. On presse alors progressivement la détente et l'on fait partir le coup, lorsque la ligne de mire arrive à hauteur de la partie du corps sur laquelle il faut la diriger d'après la distance.

Si l'homme marche à droite, le tireur devra suivre avec le guidon la direction du mouvement et précéder le but d'une quantité d'autant plus grande, que l'homme se meut avec plus de vitesse et qu'il est plus éloigné.

S'il marche dans le plan de tir, il faut viser plus haut, s'il s'éloigne; plus bas, s'il se rapproche, d'autant plus que la vitesse et l'éloignement ou le rapprochement sont plus grands.

Pour tirer sur un peloton, on doit le parcourir dans le sens horizontal, puisqu'il présente plus d'étendue en largeur qu'en hauteur, et faire partir le coup, lorsque la ligne de mire est dans la direction du centre du peloton.

Si, dans ce cas, le vent soufflait de droite, par exemple, il faudrait faire marcher l'arme, de gauche à droite, à l'encontre du vent et ne tirer que lorsque la ligne de mire aurait dépassé le centre du peloton.

Les règles de tir sont les mêmes pour le fusil de voltigeurs, bien que son canon soit plus court et doive donner un but-en-blanc plus éloigné. Cette circonstance est compensée par le fait d'une vitesse initiale moindre, due à ce que la balle reste moins long-temps exposée à l'action de la poudre.

Quant au mousqueton de sapeurs, tiré avec la charge de six grammes, les règles sont à peu près les mêmes que pour le fusil jusqu'à 125 mètres environ, où se trouve le but-en-blanc; passé cette distance, il faut constamment viser à 0^m20 plus haut que ne l'indiquent ces mêmes règles.

Pour saigner la cartouche à six grammes avec régularité, on place le pouce de la main gauche contre et au-dessous du bec de l'embouchoir, le mousqueton étant dans la position de l'arme à gauche; posant alors la partie de la cartouche qui contient la balle sur le pouce, à hauteur du bec, et serrant la cartouche à hauteur de l'entonnoir avec le pouce de la main droite, on jettera la portion de poudre qui se trouve au-dessus du pouce.

De cette manière, la cartouche sera réduite à six grammes.

Nous allons analyser les causes de déviation existant dans

le fusil d'infanterie transformé, et nous rechercherons les moyens de les atténuer.

On appelle déviation, toute direction de la balle qui s'écarte de la trajectoire théorique (1).

TABLEAU

DES PRINCIPALES CAUSES DE DÉVIATION, INDÉPENDANTES DU TIREUR, ET PROVENANT :

1°. De la construction de l'arme.

- Vices de construction que l'on peut faire disparaître.
  - 1°. Position défectueuse de la ligne de mire. V. H.
  - 2°. Calibre non réglementaire. V. H.
  - 3°. Canon faussé ou mal dressé. V. H.
  - 4°. Départ trop dur de la platine. V. H.
- Défauts inhérents au système et qu'il est impossible de corriger, sans changer le système.
  - 5°. Le vent qui produit
    - Les battements. V. H.
    - Les mouvements de rotation irréguliers. V. H.
  - 6°. Le recul. V. H.
  - 7°. Les vibrations. V. H.

2°. Des charges de poudre.

- 8°. Mesurées inexactement. V.
- 9°. Formées de poudres de qualités différentes. V.
- 10°. Altérées par l'humidité, par le transport des cartouches dans les caissons de l'artillerie, par le ballottement dans la giberne. V.
- 11°. Plus ou moins refoulées. V. H.
- 12°. Arrêtées en partie, le long de l'âme encrassée. V.
- 13°. Encrassement. V. H.

3°. Des balles.

- 14°. N'ayant ni le poids ni le calibre réglementaire. V. H.
- 15°. Plus ou moins déformées au sortir du canon. V. H.
- 16°. N'ayant pas le centre de gravité confondu avec le centre de figure. V. H.

4°. Du milieu environnant.

- 17°. Le vent. V. H.
- 18°. La température, l'état hygrométrique et barométrique de l'air, la pression atmosphérique. V.
- 19°. La position du soleil. V. H.
- 20°. La différence de niveau entre la position du but et celle de la bouche de l'arme. V.

(1) On appelle trajectoire théorique ou moyenne, celle qui occupe une position centrale au milieu de la gerbe formée par la réunion de toutes les

1°. *La position défectueuse de la ligne de mire* peut provenir de ce que le cran de visière et le guidon n'ont pas les différences voulues d'élévation au-dessus de l'axe du canon. Le but-en-blanc se trouve alors éloigné ou rapproché. Cette position défectueuse peut encore provenir de ce que le tireur ne place pas la ligne de mire dans un même plan vertical avec la ligne de tir ou l'axe du canon. Dans ce cas, les coups portent à droite ou à gauche du plan de tir.

Supposons l'arme penchée à droite : la ligne de mire est alors dirigée à gauche du plan de tir, mais l'axe du canon ne changeant pas de position, le coup portera à droite du point visé et sera en outre abaissé, puisque l'angle de mire est plus petit.

Le contraire arriverait, si l'arme était penchée à gauche.

2°. *Le calibre non réglementaire*, en faisant varier le vent, augmente ou diminue l'effet des causes de déviation qui proviennent du vent.

3°. *Un canon faussé ou mal dressé* ne présente plus un axe en ligne droite, et conséquemment la direction de la balle, à sa sortie du canon, n'est plus assurée.

4°. *Un départ trop dur de la platine* oblige le tireur à presser avec une force trop grande sur la détente, et par con-

trajectoires obtenues par un nombre de coups quelconque. C'est cette courbe que l'on doit étudier dans la théorie du tir.

Nous verrons plus tard comment on parvient à la déterminer.

Les causes qui peuvent faire dévier la balle horizontalement, sont marquées d'un H ; celles qui peuvent la faire dévier verticalement sont marquées d'un V et celles qui peuvent la faire dévier dans les deux sens, sont marquées des deux lettres V et H.

séquent l'empêche de maintenir la ligne de mire dans la direction convenable.

Les soins que l'on apporte dans la fabrication et dans l'entretien des armes, peuvent faire disparaître ou du moins atténuer considérablement les déviations produites par ces quatre premières causes.

5°. *Le vent produit les battements et les mouvements de rotation irréguliers de la balle.* C'est la principale cause de déviation dans le fusil d'infanterie.

La nécessité d'assurer à la guerre la facilité et même la la possibilité du chargement, malgré l'encrassement produit par un grand nombre de coups tirés consécutivement, a conduit forcément à l'emploi d'une balle d'un calibre plus faible que celui du canon. C'est cette différence du diamètre de la balle et de celui de l'âme que l'on appelle vent. Par suite du vent, lorsque l'arme est chargée et disposée pour faire feu, la balle appuie généralement contre une des parois de l'âme : supposons qu'elle repose sur la paroi inférieure : il existe, dans ce cas, en dessus, une issue par laquelle les gaz tendent à s'échapper au moment de l'explosion, de sorte que la balle n'est pas seulement chassée dans le sens de l'axe du canon, mais qu'elle est encore pressée et choquée contre l'âme, par l'action des gaz qui agissent sur sa partie supérieure. La balle réfléchie, en vertu de son élasticité, par la partie inférieure de l'âme, va frapper la partie supérieure, où elle est réfléchie une seconde fois et ainsi de suite ; de telle sorte que le trajet de la balle, dans l'intérieur du canon, s'effectue par une série de battements irréguliers qui la déforment plus ou moins et dont le dernier seul détermine la direction qu'elle prendra, en sortant du canon.

Chaque battement produit en outre sur la balle un mouvement de rotation irrégulier, résultant de la perte de vitesse des points de la balle qui choquent le canon. Le dernier battement, près de la bouche de l'arme, détermine le mouvement de rotation auquel la balle sera soumise, pendant son trajet dans l'air.

Si nous supposons que ce mouvement de rotation n'est pas troublé par celui qui résulte des défectuosités de la balle, il s'effectuera de la manière suivante :

1° Si, à son dernier battement, la balle frappe l'extrême gauche de l'arme, elle sera jetée à droite et prendra un mouvement de rotation de droite à gauche, autour d'un axe vertical.

2° Si la balle, à son dernier battement, frappe l'extrême droite du canon, elle sera jetée à gauche et prendra un mouvement de rotation de gauche à droite, autour d'un axe vertical.

3° Si la balle frappe la partie supérieure du canon, elle sera abaissée, et de plus soumise à un mouvement de rotation de dessous en dessus, autour d'un axe horizontal.

4° Si la balle frappe la partie inférieure du canon, elle sera relevée et de plus soumise à un mouvement de rotation de dessus en dessous, autour d'un axe horizontal.

6°. *Le recul* est le mouvement que l'inflammation de la poudre communique à l'arme. La direction de ce mouvement est opposée à celui de la balle. La vitesse du recul dépend du poids de l'arme (1) ; elle diminue quand ce poids

(1) Si l'on pouvait admettre que l'arme fût d'un poids égal à celui de la balle, l'arme traverserait l'épaule, au moment où le coup part.

augmente et *vice versâ*, puisqu'il est évident qu'une même force communique d'autant moins de vitesse à un corps, que ce corps est plus pesant. Une charge plus forte donnera donc un recul plus fort. Le poids de la balle influe aussi sur le recul. En effet, la force qui s'oppose à l'expansion des gaz de la poudre est d'autant plus grande, que la balle est plus pesante ; les gaz sont donc soumis, dans l'intérieur du canon, à une tension d'autant plus considérable que la balle est plus lourde; la vitesse du recul, qui dépend de l'action de ces gaz sur la partie postérieure du canon, augmentera donc quand le poids de la balle augmentera. De même, si le vent diminue, le recul devra augmenter, puisqu'il s'échappera entre la balle et l'âme une plus petite quantité de ces gaz. L'encrassement, qui diminue le vent et qui augmente d'ailleurs les frottements de la balle contre les parois du canon, doit donc augmenter le recul. La manière de charger a aussi une influence sur le recul.

Le mouvement du recul a pour direction l'axe du canon. Si la partie de la monture qui s'appuie contre l'épaule du tireur était dans le prolongement de l'axe, le tireur éprouverait à l'épaule tout l'effet du recul. Afin d'éviter cet inconvénient et en même temps pour faciliter le pointage, on donne à la monture, en arrière du canon, une inclinaison par rapport à l'axe du canon. Cette inclinaison se nomme *pente*. Par l'effet de la pente, l'arme appuyée contre l'épaule du tireur, ne tend pas seulement à reculer, mais encore à pivoter autour de ce point d'appui. De cette manière, une partie de la force du recul est employée à soulever l'arme ; les bras résistent à cette action, et l'effet produit sur l'épaule du tireur est diminué d'autant.

Le mouvement de rotation de l'arme, qui a lieu au moment de l'explosion, déplaçant la ligne de tir, avant que la balle ne soit sortie du canon, on conçoit qu'il en doit résulter une déviation, et comme la bouche de l'arme n'est pas seulement soulevée dans le plan vertical du tir, mais qu'elle sort en outre de ce plan, puisque le recul tend à faire tourner le tireur sur lui-même, la déviation produite est à la fois verticale et horizontale.

Cette cause de déviation a une très-petite influence sur la justesse du tir, car la vitesse du recul, comparée à celle de la balle, est aussi très-petite. Dans le temps que la balle emploie pour sortir du canon, l'arme ne recule pas d'un demi calibre ; par conséquent, la quantité, dont la bouche de l'arme s'élève au-dessus ou s'écarte à droite de la position initiale, doit être très-petite. La déviation pourrait cependant être très-sensible, si l'arme ne joignait pas l'épaule du tireur.

Lorsque le tireur a soin de bien appuyer l'arme à l'épaule, sa masse et celle de l'arme s'unissent, pour ainsi dire, l'une à l'autre et l'arme ne communique que graduellement le mouvement qui lui est imprimé, au corps qu'elle touche par une assez grande surface ; tandis que, lorsque la crosse ne touche pas l'épaule, ou s'y appuie mollement, l'arme choque naturellement cette partie du corps.

7°. *Les vibrations du canon.*—Lorsqu'une lame métallique, maintenue à une de ses extrémités, est choquée dans sa partie libre, elle éprouve un mouvement de vibration et d'oscillation ; plus la lame est longue et moins elle est épaisse, plus les vibrations sont grandes. Cet exemple fait voir qu'un canon, choqué par les gaz de la poudre, peut prendre un mouvement vibratoire qui doit déranger la position normale de la ligne de tir. Le mouvement vibratoire sera moins sensible sur les canons les plus épais et les plus courts. En même temps que le canon prend le mouvement de vibration longitudinal, dont il vient d'être question, il éprouve des vibrations transversales, qui ont aussi leur influence sur la justesse.

8°. 9°. 10°. 11°. 12°. et 13°. — *Les diverses variations dans la quantité ou dans la qualité de la charge de poudre* ne peuvent produire de déviations que dans le plan de tir, puisqu'elles n'ont pour effet que d'augmenter ou de diminuer la vitesse initiale, sans influer sensiblement sur le recul; mais, *le refoulement plus ou moins violent de la charge*, exerçant une influence sensible sur le recul, cette cause de déviation doit être marquée des lettres V. et H. Il en est de même de l'*encrassement*, qui augmente considérablement le recul et les frottements de la balle contre les parois du canon (1).

14°. *Les variations dans le poids des balles* n'ont d'influence que sur la portée; *les variations dans le calibre*, en augmen-

(1) L'encrassement a lieu lorsqu'on a tiré plusieurs coups. Par suite de l'inflammation et de la combustion de la poudre, il se forme dans le canon un dépôt de corps solides et de parcelles de poudre non comburées, qui, par leur application contre les parois de l'arme, rétrécissent progressivement l'espace que la balle parcourt dans l'intérieur du canon.

Les charges augmentant, il est certain que l'encrassement doit aussi augmenter.

L'encrassement est une cause notable de déviation, parce que lorsque l'âme du canon s'encrasse, la balle éprouve de plus grands frottements, elle y laisse du plomb, elle y perd de sa vitesse; l'encrassement se faisant d'une manière très-irrégulière, la balle éprouve, dans sa course, des chocs qui peuvent augmenter de beaucoup les battements et, en proportion, les autres causes de déviation.

tant ou diminuant le vent, peuvent déterminer des déviations dans tous les sens.

15°. Les *déformations de la balle* occasionnent, de la part de l'air, des résistances qui, lorsqu'elles ne se distribuent pas symétriquement autour de la surface du projectile, doivent produire des déviations qui peuvent avoir lieu dans tous les sens.

16°. Lorsque *le centre de gravité n'est pas confondu avec le centre de figure*, celui-ci tend à tourner, en oscillant autour du centre de gravité. De ce mouvement de rotation et d'oscillation résulte une déviation qui peut avoir lieu dans un sens quelconque, puisque la rotation elle-même peut être produite dans tous les sens (1).

17°. *Le vent* est la vitesse dont les particules d'air sont animées. Lorsque sa direction est opposée à celle de la balle,

(1) On ne saurait obtenir une homogénéité parfaite dans une balle. Celle-ci n'a pas toujours le centre de gravité au même point que le centre de figure, par suite du vide qui se forme, au-dessous du jet, dans le coulage. Cet inconvénient tient à plusieurs causes : d'abord le plomb versé est bien plus dense dans le fond du moule, que vers la partie supérieure ; il se refroidit plus vite contre les parois du moule que dans le milieu ; en outre, l'air, chassé du moule par le plomb, ne peut quelquefois s'en échapper complètement. Il se forme alors un globule, à la formation duquel concourt la contraction qu'éprouve le plomb en se solidifiant, contraction qui lui fait occuper un espace moindre, que lorsqu'il est en fusion. On peut s'assurer de l'existence de ce vide sous le jet, en coupant les balles en deux.

La force de projection a son point d'application au centre de gravité, la résistance de l'air a le sien au centre de figure ; de telle sorte que celui-ci éprouvant, par suite de la résistance de l'air, un ralentissement plus grand que le centre de gravité, il passe à droite de ce dernier (si nous le supposons d'abord à gauche), puis repasse à gauche, en raison de la cause déjà indiquée et ainsi de suite.

Ce mouvement oscillatoire est très-apparent dans les bombes.

celle-ci éprouve une résistance plus grande que dans une atmosphère calme : elle est abaissée, dans ce cas, sans être autrement déviée. Lorsque le vent a la même direction que la balle, il ajoute à sa vitesse ; par conséquent, la trajectoire se rapproche de la ligne de tir et la balle est soulevée dans le plan de tir. Lorsque la direction du vent fait un angle avec la direction de la balle, celle-ci est nécessairement jetée du côté opposé à celui d'où vient le vent, et d'autant plus que l'angle se rapproche davantage de l'angle droit, et que la vitesse ou la force du vent est plus grande.

Plus la vitesse de la balle est grande, moins la déviation produite par le vent doit être forte, puisque la balle reste moins long-temps exposée à son action ; plus le but est éloigné, plus la déviation produite par le vent doit être considérable. Cette déviation augmente beaucoup plus rapidement que les distances. En supposant que la balle soit animée d'une vitesse uniforme à chaque instant de son mouvement, pour une distance double, le vent produirait une déviation quadruple, puisqu'il agit comme la pesanteur, en ajoutant à chaque instant une nouvelle action aux actions déjà produites ; mais la vitesse de la balle diminuant, à mesure qu'elle parvient à une plus grande distance, la déviation, due à l'action d'un vent régulier, doit être, en général, plus que quadruple à une distance double et, à plus forte raison, pour une distance triple, elle devra être plus de neuf fois la déviation observée à une distance simple.

Il est extrêmement difficile de donner des règles précises pour remédier à cette cause de déviation. Le jugement et l'expérience du tireur doivent être pour beaucoup dans l'application de celles qui vont suivre :

1° Si le vent vient debout, sa force s'ajoutant à la résis

tance de l'air, le projectile sera abaissé. Il faudra alors viser plus haut.

2° S'il souffle d'arrière, sa force s'ajoutant alors à celle de la poudre, la trajectoire sera plus tendue, il faudra donc viser plus bas.

3° Si le vent souffle de côté, il faudra viser du côté d'où vient le vent, et d'autant plus de côté que le vent est plus fort ou le but plus éloigné.

4° Quand le vent souffle obliquement, par exemple debout et de droite, il faut appliquer les règles données contre le vent debout et celles contre le vent de côté ; il faudra donc viser plus haut et plus à droite (1).

Il est essentiel que, dans les tirs d'instruction, les soldats observent où leurs balles ont frappé, afin de rectifier les coups suivants. La poussière soulevée par la balle leur permettra de faire cette remarque.

Lorsque la distance à laquelle on tirera, ou l'humidité de la terre s'y opposeront, le marqueur indiquera où la balle aura frappé, au moyen de signaux convenus d'avance, qu'il exécutera avec son fanion.

18°. *La température* influe sur la densité de l'air. Lorsqu'elle s'élève, l'air se dilate, sa densité diminue et, par suite, la résistance qu'il oppose à la balle devient plus faible. Tout changement dans la température, en faisant varier la densité de l'air, change la forme de la trajectoire, abaisse ou soulève la balle, sans la faire sortir du plan du tir. — *L'état hygrométrique de l'air* ou, ce qui est la même chose, *la quantité de*

(1) La balle du fusil d'infanterie étant animée d'une vitesse de 425 mètre environ par seconde, et le tir efficace du fusil ne s'étendant pas au-delà de 200 mètres, on pourra, dans le cas d'un vent ordinaire, se dispenser d'en tenir compte.

vapeurs d'eau contenue dans l'air, ayant une influence sur la densité du milieu dans lequel se meut la balle, en a, par conséquent, une aussi sur la trajectoire. Il en est de même de la *pression atmosphérique*, qui est mesurée par la hauteur de la colonne de mercure du baromètre. La température ou l'humidité de l'air ont en outre une grande influence sur la rapidité de l'inflammation de la poudre et, par conséquent, agissent chacune de deux manières sur la forme de la trajectoire.

19°. *La position du soleil* trompe le tireur sur la véritable place des points qui déterminent la ligne de mire. Lorsque le soleil est à droite, la partie droite du guidon est éclairée, tandis que la partie gauche est dans l'ombre ; on remarque sur la droite du guidon un point brillant, qui attire l'attention du tireur et qui le porte à juger le milieu du guidon plus rapproché de la droite qu'il ne l'est effectivement ; un effet inverse se produit sur le cran de mire de la visière : la partie droite du cran de mire est dans l'ombre, et la partie gauche est éclairée. Le tireur est donc porté à faire passer le rayon visuel par un point situé sur la gauche du milieu du cran. Or, le rayon visuel passant par la gauche du cran de mire et par la droite du guidon, donne une ligne de mire sortant du plan de tir et dirigée du côté du but, sur la droite de ce plan : les coups, tirés en dirigeant cette ligne de mire sur le but, porteront donc à gauche du but.

L'inverse aurait lieu, si le soleil était placé à la gauche du tireur.

On remédie à cette cause de déviation en visant un peu à droite, lorsque le soleil est à droite ; un peu à gauche, lorsque le soleil est à gauche, ou, mieux encore, lorsque cela est possible, en mettant le guidon et la visière à l'ombre.

20° Le but-en-blanc du fusil d'infanterie a été déterminé par une ligne de mire horizontale ou à peu près. Lorsque *la position du but et celle du tireur ne sont pas au même niveau*, la ligne de mire ne demeure pas horizontale, elle s'incline en dessus ou en dessous de l'horizon : alors la forme de la trajectoire change et, par suite, le but-en-blanc change de position. En suivant, dans ce cas, les règles ordinaires du tir, on n'atteindrait pas le but.

On peut vérifier, par le tracé de la trajectoire : 1° que lorsque la ligne de tir est inclinée au-dessous de l'horizon, il faut viser, dans tous les cas, au-dessous du but, et d'autant plus au-dessous, que le but est plus éloigné, et que l'inclinaison de la ligne de mire est plus grande, parce qu'alors la force de la pesanteur s'ajoute à la force d'impulsion de la poudre, et que la trajectoire est plus tendue ; 2° que si la ligne de tir est inclinée au-dessus de l'horizon, la pesanteur se trouvant, dans ce cas, presque directement opposée à la force impulsive de la poudre, il faut alors viser plus haut, parce que la trajectoire est moins tendue, et viser d'autant plus haut, que le but est plus éloigné, et que l'inclinaison de la ligne de mire est plus grande ; 3° et enfin, que, pour une certaine élévation du but, il faut suivre les règles ordinaires du tir ; qu'à partir de cette inclinaison jusqu'à la position verticale de la ligne de tir, il faut viser au-dessous du but.

Lorsque la différence de niveau entre la position du but et celle du tireur n'est pas considérable, comme cela se présente généralement dans la pratique, il n'y a pas d'autre règle à suivre que de viser un peu au-dessus du but, lorsque le tir a lieu de bas en haut ; un peu au-dessous, lorsque le tir a lieu de haut en bas.

Les causes de déviation, dont l'analyse précède, rendent

compte de la justesse du fusil d'infanterie. Ces causes ne sont pas les seules, et il serait facile d'en trouver un plus grand nombre.

La théorie des causes de déviation peut fournir les moyens de prévoir et d'expliquer les résultats de l'expérience.

CHAPITRE 6.

INSTRUCTIONS DIVERSES SUR LA MÉTHODE A SUIVRE POUR DÉTERMINER LE POINT D'IMPACT MOYEN, LA HAUTEUR DES HAUSSES, POUR APPRÉCIER LA JUSTESSE DES ARMES, L'HABILETÉ DES TIREURS, ETC., ETC.

L'*impact* est le point où la balle a frappé et marqué son empreinte ; l'*impact moyen*, ou le *point d'impact moyen*, est le centre des empreintes de balles, faites sur une cible, par un certain nombre de coups tirés.

La connaissance du point d'impact moyen est indispensable pour une foule d'expériences sur les armes à feu, telles que, par exemple, pour connaître les points de la trajectoire d'une arme et, par suite, en donner les règles de tir; pour régler la hauteur des hausses, apprécier et comparer la justesse des armes, etc., etc.

Si, lorsqu'on tire une arme sous la même inclinaison et avec la même charge, la trajectoire restait la même à chaque coup, il serait inutile de tirer un grand nombre de coups pour déterminer sa position par rapport à la ligne de mire : mais il s'en faut beaucoup que la trajectoire reste constante pour une même inclinaison de la ligne de mire et une même charge de poudre. Chaque coup donne une trajectoire différente. Ces diverses trajectoires, obtenues par tous les coups tirés, forment, par leur réunion, comme une gerbe plus ou moins restreinte, suivant la justesse de l'arme. Si nous supposons une trajectoire passant par le centre de la gerbe, cette trajectoire sera la trajectoire moyenne ou théorique, d'après laquelle les règles de tir doivent être données, car, on commettra une erreur moins grande en supposant que la balle suit cette dernière courbe, que si l'on réglait le tir d'après toute autre supposition.

Si, de distance en distance, nous coupons cette gerbe par des plans verticaux, nous obtiendrons des sections dont la forme, se rapprochant de la forme ellipsoïdale, sera la même que celle que nous aurions sur la cible qui nous sert de but, si nous joignions par des lignes courbes tous les points extrêmes des empreintes. C'est le point central de la section de la gerbe ou, ce qui est la même chose, des touchés sur la cible, qu'il s'agit de déterminer.

Voici comment on opère :

Afin que les déviations ne puissent résulter que de l'arme, on place le tireur, choisi préalablement parmi les plus adroits, dans une situation qui rende le tir plus sûr et plus facile, sans pourtant trop s'éloigner des conditions du tir ordinaire.

A cet effet, on fait asseoir le tireur sur un banc ou sur une chaise, devant une table. La table porte un sac, rempli de son ou de terre, sur lequel le tireur pose la partie antérieure de l'arme. Au moyen de ces dispositions, le tireur n'ayant pas à soutenir l'arme, peut conserver facilement l'immobilité. Son attention principale doit être de retenir la respiration, au moment où il presse la détente.

Remarquons que la ligne de mire que nous avons choisie horizontale ou à très-peu de chose près, pour nous rapprocher davantage des circonstances ordinaires du tir, doit toujours être la même pendant le cours de l'expérience.

La cible devra être assez grande pour pouvoir recueillir tous les coups. Elle sera divisée en quatre parties, par deux axes verticaux et horizontaux, ou deux lignes droites perpendiculaires l'une à l'autre. Ces axes sont arbitraires, et peuvent être choisis. Pour plus de simplicité, nous les tracerons de manière qu'ils partagent le panneau en quatre parties égales et nous placerons le but au point B, où a lieu l'intersection des deux axes : il n'est pas nécessaire que le point B soit le centre de la cible (1).

Supposons qu'à 100 mètres on ait tiré dix coups. Parmi les dix points d'impact, huit seront au-dessus de A H, et deux au-dessous ; six seront à gauche de V I, et quatre à droite, dans des positions marquées sur la figure 7. Il faut savoir de combien chacun de ces points est au-dessus ou au-dessous de A H, et de combien il est à gauche ou à droite de V I.

Pour mettre de l'ordre dans cette mesure, nous nous occuperons d'abord des points situés dans le carré A B V G, c'est-à-dire au-dessus de l'horizontale, et à gauche de la verticale. Nous appellerons cote verticale de l'un de ces points, la quantité dont ce point est élevé verticalement au-dessus de A H; cote horizontale, la quantité dont il s'écarte horizontalement de V I. Nous inscrirons ces diverses mesures.

Passant ensuite aux points situés au-dessus à droite, puis aux points situés au-dessous à gauche, et enfin à ceux situés au-dessous à droite, nous inscrirons semblablement leurs cotes verticales et horizontales, et nous formerons le tableau suivant.

(1) Dans la plupart des cas, il est avantageux, afin de recueillir le plus grand nombre de coups dans le panneau, de placer ce point près du pied du panneau, quand on tire en deçà du but-en-blanc et près du sommet, lorsqu'on tire au-delà.

POINTS situés au-dessus et à gauche de l'origine des axes.		POINTS situés au-dessus et à droite de l'origine des axes.		POINTS situés au-dessous et à gauche de l'origine des axes.		POINTS situés au-dessous et à droite de l'origine des axes.	
COTES verticales.	COTES horizontales.	COTES verticales.	COTES horizontales.	COTES verticales.	COTES horizontales.	COTES verticales.	COTES horizontales.
(1) 0m55	0m29	(6) 0m38	0m14	(9) 0m13	0m14	(10) 0m20	0m10
(2) 0 37	0 38	(7) 0 34	0 35				
(3) 0 36	0 16	(8) 0 15	0 30				
(4) 0 15	0 35						
(5) 0 17	0 13						
1 60	1 31	0 87	0 79				

Sommes des cotes verticales de dessus. 2 47
Sommes des cotes verticales de dessous. . . . 0 33

Excès des cotes verticales de dessus 2 14

Sommes des cotes horizontales de gauche . . . 1m45
Sommes des cotes horizontales de droite. . . 0 89

Excès des cotes horizontales de gauche. . . 0 56

Le relevé des coups étant ainsi fait, voici la règle à suivre pour trouver la position du point appartenant à la trajectoire moyenne.

Faire la somme des cotes verticales des points situés au-dessus de A H.

Faire la somme des cotes verticales situées au-dessous de A H.

Retrancher la plus petite de ces deux sommes de la plus grande, et diviser le reste par le nombre de coups tirés.

Le quotient que l'on obtient est la cote verticale du point que nous cherchons et qui n'est autre que le point d'impact moyen.

La cote verticale, ainsi obtenue, doit être mesurée de A H, en dessus, si la somme des cotes verticales des points situés au-dessus est plus forte que la somme des cotes verticales des points situés au-dessous ; elle doit être mesurée en dessous, si cette dernière somme est au contraire la plus grande.

On opère ensuite sur les cotes horizontales, de la manière qui vient d'être indiquée pour les cotes verticales, c'est-à-dire que l'on fait la somme des cotes horizontales de gauche, puis celle des cotes horizontales de droite et qu'après avoir retranché la plus petite somme de la plus grande, on divise le reste par le nombre de coups tirés, ce qui donne pour quotient la cote horizontale du point d'impact moyen. Cette cote devra être portée à droite ou à gauche, suivant que la somme des cotes de droite sera plus grande ou plus petite que la somme des cotes de gauche.

Dans l'exemple que nous avons choisi, nous trouvons :

Somme des cotes verticales de dessus	2m47
Somme des cotes verticales de dessous. . . .	0 33
Excès des cotes verticales de dessus. .	2 14

La cote verticale du point d'impact moyen devra donc être mesurée au-dessus de A H, et la longueur de cette cote sera le quotient de la division de 2m14 par 10, qui est le nombre de coups tirés. Cette cote sera donc de 0m214.

En répétant le même calcul pour les cotes horizontales, nous avons :

Somme des cotes horizontales de gauche	1m45
Somme des cotes horizontales de droite	0 89
Excès des cotes horizontales de gauche	0 56

La cote horizontale du point d'impact moyen devra donc être portée sur la gauche de V I et sa longueur sera de 0m056.

Ainsi donc, en menant au-dessus de A H une ligne horizontale E F, distante de A H d'une longueur égale à 0m214, cette horizontale devra contenir le point d'impact moyen ; en menant sur la gauche de V I une ligne verticale P R, distante de V I d'une longueur égale à 0m056, le point d'impact devra se trouver quelque part sur cette ligne : mais, il devait déjà se trouver sur l'horizontale E F, il sera donc au point de rencontre O de ces deux lignes.

DÉTERMINATION DES HAUSSES.

Nous avons vu que le fusil d'infanterie n'avait de règles précises de tir que jusqu'à la distance de 225 mètres contre l'infanterie et 250 mètres contre la cavalerie.

Pour employer avantageusement cette arme à de plus grandes distances, il serait indispensable d'y adapter une hausse mobile (1).

(1) Celle qui a été proposée est percée d'un trou, qui donne un second

Supposons que nous voulions connaître la hauteur que doit avoir la hausse de 300 mètres pour le fusil à percussion, nous nous y prendrons de la manière suivante :

On tire d'abord quelques coups en terrain horizontal, à la distance fixée, avec une tige graduée en millimètres, sur laquelle glisse un coulant, portant une encoche, qui permet de viser commodément. Lorsque les coups arrivent à peu près à la hauteur du but, on fixe le coulant et l'on commence à opérer réellement.

On tire ensuite, avec cette hausse approximativement réglée, une centaine de coups au moins, de la même manière et avec les mêmes précautions que nous avons indiquées, dans la recherche du point d'impact moyen.

Plus le nombre de coups tirés sera considérable, plus aussi l'opération présentera de justesse.

Pour pouvoir recueillir la plus grande partie des coups à 300 mètres, il nous faudrait des panneaux de douze mètres carrés, ce qui n'est guère praticable. Aussi, choisit-on, pour cette opération, une butte de polygone. Des hommes, cachés dans des trous, vont, après chaque coup, planter un piquet à la place que la balle vient de frapper.

Le tir terminé, on cherche le point d'impact, que nous supposons être en dessous du but visé de 0^m40, en un point O. (Figure 8.)

Pour cette opération, comme pour la détermination de la trajectoire, nous n'avons besoin que des cotes verticales.

Il est aisé de voir, sur la figure, que, si l'on veut atteindre le but en se servant de la hausse H I, il faudra viser, non

but en blanc à 300 mètres et d'une encoche, qui détermine un troisième but en blanc à 400 mètres.

pas sur le point B, mais bien sur le point F, élevé au-dessus du point B d'une quantité égale à 0^m40.

La ligne de mire I G étant dirigée en conséquence sur le point F, si l'on joint le point B au point G et qu'on prolonge la ligne droite B G, jusqu'à ce qu'elle rencontre le prolongement de H I en un point T, il est évident que viser avec la ligne de mire T G, sur le point B revient au même que viser avec la ligne de mire I G sur le point F, puisque d'ailleurs la position de l'arme ne change pas.

Or, en visant avec I G sur le point F, on doit atteindre le point B. Donc, on atteindra le point B, en visant de but en blanc avec la ligne de mire T G.

Les triangles T I G, F G B sont semblables ou à peu près et nous donnent la proportion suivante, au moyen de laquelle nous pourrons déterminer la longueur T I, que nous cherchons à connaître :

$$TI : GI :: FB : GB$$

Dans cette proportion, G I est égal à 1^m06, distance qui sépare le sommet de la hausse essayée du sommet de la virole de la baïonnette; F B a été déterminé par notre expérience et reconnu égal à 0^m40; G B est égal à 300 mètres.

Connaissant trois termes d'une proportion, il nous est facile d'en déduire la valeur de T I, qui en est le quatrième terme inconnu.

Nous poserons donc la proportion ainsi :

$$0^m40 : 300^m :: X : 1^m06$$

d'où
$$X = \frac{1^m06 \times 0^m40}{300^m} = 0^m0014.$$

Il suffit donc de multiplier 1^m06, longueur du canon, depuis la hausse jusqu'à la virole de la baïonnette, par 0^m40, abaissement de la trajectoire au-dessous du point visé, et de diviser le produit par 300 mètres, distance pour laquelle nous opérons. Le quotient obtenu, 0^{m}0014, sera l'augmentation que devra subir la hausse essayée.

Si le point d'impact s'était trouvé au-dessus du point visé, la hausse essayée serait évidemment trop forte et l'on emploierait, pour la diminuer, les mêmes moyens que pour l'augmenter; si la trajectoire moyenne venait rencontrer précisément le point visé, on comprend que, dans ce cas, il n'y aurait rien à changer à la hausse d'essai.

On peut appliquer ces procédés à une arme à feu portative quelconque.

On a trouvé que la hausse des fusils, nouveau modèle, placée, devant et contre la visière, sur la queue de culasse, devait s'élever au-dessus du pan supérieur du canon de 0^{m}0192 pour le tir à 300 mètres et de 0^{m}0322, pour celui à 400 mètres.

MANIÈRES DIVERSES D'APPRÉCIER LA JUSTESSE DES ARMES ET L'ADRESSE DES TIREURS.

On juge ordinairement de la justesse d'une arme par le nombre de balles mises dans une cible d'une étendue déterminée, sur une certaine quantité de coups tirés.

On peut encore apprécier la justesse d'une arme en mesurant la distance qui sépare chaque coup du point d'impact moyen ; on fait le total de ces diverses longueurs et l'on en déduit l'écart moyen de chaque coup.

Les rayons des cercles, ayant leur centre au point d'impact moyen et pouvant contenir la totalité ou la moitié des coups, des carrés, ayant leur milieu en coïncidence avec le point d'impact moyen, peuvent également servir à apprécier la justesse des armes.

Pour trouver le rayon du cercle contenant la moitié des coups, on prend pour rayon la longueur qui sépare le point d'impact moyen du coup le plus éloigné, pris dans la moitié la plus rapprochée du point d'impact.

Pour avoir le rayon du cercle contenant la totalité des coups, on prend la longueur qui sépare le point le plus éloigné du point d'impact moyen et de ce dernier, comme centre, on décrit le cercle qui renferme la totalité des coups.

Il est encore un autre moyen pour trouver le rayon du cercle contenant la moitié des coups.

On mesure, à partir du point d'impact moyen, la distance qui en sépare chaque coup. On fait le total de ces longueurs et l'on divise ce total par le nombre de coups tirés; le quotient obtenu est la longueur même du rayon du cercle contenant la moitié des coups.

Lorsqu'on veut rendre sensible aux yeux la justesse comparée de deux ou de plusieurs armes, on place les cercles obtenus sur une même ligne droite, passant par tous les centres et sur laquelle sont marquées les différentes distances auxquelles les deux armes ont été tirées. Les cercles sont placés à leurs distances respectives et tournés de manière à présenter une surface ayant la forme d'une ellipse.

Si l'on voulait classer des tireurs par ordre de mérite, on pourrait employer la méthode ordinaire pour apprécier la justesse des armes, c'est-à-dire, les classer d'après le nombre de balles mises dans la cible; mais l'opération présente bien plus d'exactitude, en mesurant l'écart de chaque balle du point désigné comme but. Dans ce cas, celui qui a la plus petite somme d'écarts ou le plus petit écart moyen, sera proclamé le premier ; le tireur qui a la plus petite somme après celui-ci marchera le second et ainsi de suite.

Il est important de connaître les résultats que des hommes adroits peuvent obtenir avec le fusil d'infanterie, afin de pouvoir constater le degré d'instruction de chaque tireur.

Nous allons, en conséquence, donner le chiffre des balles que les meilleurs tireurs peuvent mettre dans la cible aux diverses distances :

A 100 mètres, sur une seule cible réglementaire			45 0/0
A 125	—	. . . .	45 0/0
A 150	—	. . . .	31 0/0
A 175	—	. . . .	23 0/0
A 200	—	. . . .	16 0/0
A 225	—	sur deux cibles réunies . . .	20 0/0
A 250	—	. . . .	12 0/0
A 300	—	sur quatre cibles	15 0/0
A 350	—	. . . .	5 0/0
A 400	—	sur 12 mètres de cible. . . .	19 0/0

Il n'y a pas de différence notable entre les tirs avec ou sans baïonnette.

Pour pouvoir comparer les résultats obtenus, il est indispensable de faire le *pour cent* de chaque tir.

Faire le *pour cent* d'un tir, c'est déterminer, d'après le nombre des coups tirés et des balles ayant atteint la cible dans ce tir, celui des balles qu'on aurait mises dans la cible, si l'on avait tiré exactement cent coups.

Supposons, par exemple, qu'on ait tiré 64 coups et mis 8 balles dans la cible.

Nous nous demanderons : si, sur 64 coups, l'on a mis 8 balles, combien, d'après les probabilités, mettra-t-on de balles sur 100 coups ?

Pour répondre à cette question, nous poserons la proportion :

$$8 : 64 :: X : 100$$

Or, l'on sait que, dans une proportion, lorsque trois termes sont connus, le quatrième, si c'est un des termes moyens, se déduit de la multiplication des extrêmes, l'un par l'autre et de la division de ce produit par le terme moyen connu. Si, au contraire, le terme inconnu est un des extrêmes, il se déduit de la multiplication des termes moyens, l'un par l'autre et de la division du produit par l'extrême connu. Le quotient de la division est le nombre cherché.

Ainsi, dans l'exemple que nous avons choisi, le terme inconnu étant un des moyens, nous multiplierons les extrêmes 8 et 100 l'un par l'autre et nous diviserons le produit 800 par le terme moyen 64. Le quotient : 12,5 sera le nombre que nous cherchons.

Donc $$X = \frac{8 \times 100}{64} = 12,5.$$

Règle générale. — Lorsqu'on veut trouver le *pour cent* d'un tir, on n'a qu'à ajouter deux zéros au nombre de balles mises dans la cible, ce qui le rend cent fois plus fort, et à le diviser par le nombre de coups tirés.

Nous venons de voir que le quotient de la division était le *pour cent* cherché.

TIR A DEUX BALLES.

Lorsque des troupes seront placées en embuscade et qu'elles devront exécuter des feux à des distances peu considérables et sur des masses, on obtiendra des résultats très avantageux de l'emploi de deux balles, tirées avec la charge réglementaire et sans rien changer aux règles de tir ordinaires.

On fera le chargement de la manière suivante : verser la poudre de la cartouche dans le canon comme d'habitude, mais, avant de placer la balle revêtue de papier, laisser glisser sur la poudre la seconde balle, qui doit être nue, pour plus de simplicité dans le chargement.

A 150 mètres et sur un peloton, on peut dire que le nombre de balles arrivant, tant de plein fouet que par ricochet, serait, dans le tir à deux balles, au moins de moitié plus grand que dans le cas du tir ordinaire, en supposant qu'on eût tiré de part et d'autre le même nombre de coups.

Ce tir ne doit être employé que très-rarement et jamais au-delà de 200 mètres, car il use trop rapidement les munitions, il occasionne une violence de recul que les hommes ne pourraient longtemps supporter, et en outre il expose les armes à des dégradations.

Employé à de trop petites distances, le tir à deux balles devient inutile, parce qu'alors les deux projectiles ne sont pas encore assez séparés l'un de l'autre pour pouvoir atteindre chacun un homme.

CHAPITRE 7.

FABRICATION ET ÉPREUVE DE LA POUDRE. — POUDRE FULMINANTE ET CAPSULES. — COULAGE DES BALLES. — CONFECTION DES CARTOUCHES.

La poudre se compose de salpêtre, de soufre et de charbon.

Elle était déjà connue comme composition incendiaire, lorsqu'en 1320, Berthold Schwartz découvrit, par hasard, la propriété, dont elle jouit, de s'enflammer subitement, et de développer au moment de l'inflammation une force considérable.

La salpêtre est un sel d'une saveur fraiche, salée et un peu amère, qui, projeté sur des charbons ardents, fuse et scintille vivement ; il existe à l'état naturel dans l'Inde et dans plusieurs contrées méridionales. On l'y trouve en efflorescence à la surface du sol et on le recueille avec des *houssoirs* ou longs balais de houx, qui ont fait donner à ce salpêtre le nom de *salpêtre de houssage*.

On le trouve en France dans les matériaux provenant des démolitions, dans les terres extraites des caves, des écuries et en général dans les terrains qui ont été en contact, sous l'action de l'air humide, avec des matières animales ou végétales en décomposition. On la retire aussi des nitrières artificielles, qui sont des amas de terre et de diverses matières, dans lesquelles on cherche à réaliser les circonstances qui déterminent la formation du salpêtre (1).

Le salpètre s'obtient par le lessivage des matériaux qui le contiennent, mais la dissolution, obtenue par ce lessivage, contenant des sels autres que le salpêtre, on sépare le salpêtre de ceux-ci, de telle sorte, qu'en sortant des raffineries, il ne contient pas [illegible] de sels étrangers.

Le soufre pur est un corps simple d'une belle couleur jaune-citron, dont la cassure est brillante.

Extrait par une première vaporisation des mines, où il se trouve à l'état natif, le soufre brut retient environ [illegible] de matières terreuses ; on le purifie par une seconde vaporisation, à la suite de laquelle on le coule dans des barils ou dans des moules, où il se forme en bâtons.

(1) Paris fournit [illegible] de salpêtre, la Touraine [illegible]/20, les autres provinces [illegible]/20 et les nitrières artificielles [illegible].

On obtient la fleur de soufre en faisant refroidir subitement les vapeurs de soufre.

Les charbons de bois légers, tels que la bourdaine, les chenevottes, le tilleul, le fusain, le coudrier, le saule, le peuplier, etc. etc., conviennent pour la fabrication de la poudre, à cause de la facilité avec laquelle ils se prêtent à la trituration.

Le charbon de bourdaine est seul employé pour la poudre de guerre.

On choisit les branches de 0m02 de diamètre et on refend celles qui sont plus grosses; on les pelle et on rejette l'écorce.

On fait le charbon dans des chaudières en fonte, dans lesquelles on jette de nouveau bois à mesure que l'ancien s'affaisse par la combustion. Quand la flamme a gagné les dernières couches, on ferme hermétiquement la chaudière avec un couvercle recouvert de terre damée. Au bout de 48 heures, on retire le charbon et l'on sépare la braise et les fumerons.

Le charbon ne doit être fait qu'au fur et à mesure des besoins.

Dosage de la poudre.

DÉSIGNATION DES POUDRES.	NOMBRE DE PARTIES POUR CENT.		
	Salpêtre.	Charbon.	Soufre.
Poudre de guerre française	75	12,50	12,50
Poudre de chasse française	78	12	10
Poudre de guerre anglaise	75	15	10

La fabrication de la poudre consiste à exécuter d'une manière invariable les opérations suivantes : *trituration*, *mélange*, *humectation*, *compression*, *granulation*, *séchage*.

Les quatre premières sont exécutées à la fois par des pilons et se réduisent à une seule, qu'on peut appeler *le battage*.

Un moulin à pilons renferme ordinairement 20 ou 24 mortiers ou pilons, formant deux batteries. Chaque pilon pèse 40 kilog. et tombe de 40 centimètres de hauteur, 55 fois par minute. Le bas du pilon est garni d'une boîte en bronze.

Les mortiers sont creusés dans une pièce de bois de chêne, leur fond est garni d'un tampon de bois dur.

Chaque mortier reçoit 10 kilog. de composition.

La durée du battage est de onze heures. On met d'abord dans chaque mortier 1 kilog. 25 de charbon en morceaux, avec 1 kilog. d'eau; après une demi-heure de battage à 40 coups par minute, on ajoute 7 kilog. 50 de salpêtre et 1 kilog. 25 de soufre, préalablement broyé par des meules et tamisé. On mélange bien les trois matières à la main et, pendant le premier quart-d'heure, on ne fait battre que 40 coups par minute; après chaque heure de battage, on fait passer les matières d'un mortier dans un autre; au 6e ou 8e rechange, on ajoute 0 kilog. 25 d'eau. On ne fait pas de rechange pendant les deux dernières heures, pour laisser la composition se lier et prendre du corps.

La poudre est encore humide en sortant des mortiers. On la laisse essorer pour lui enlever cette humidité, qui l'empêcherait de se briser dans la granulation.

Pour cette opération, la poudre est divisée sur un crible appelé *Guillaume*, par l'action d'un tourteau ou disque de bois dur, pesant de 2 à 3 kilogrammes, ayant $0^{m}22$ de diamètre, $0^{m}06$ d'épaisseur au milieu et $0^{m}05$ sur les bords.

L'ouvrier donne au crible un mouvement tel que le tourteau puisse tourner, en s'appuyant contre la cerce et briser la pâte, qui passe à travers la perce du crible, à mesure que la grosseur des fragments le permet.

La poudre, ainsi divisée, est ensuite passée sans tourteau au crible appelé grainoir à canon ou grainoir à fusil, lequel sert à séparer les grains trop gros.

Un troisième crible, appelé sous-égalisoir, sert à séparer les grains trop petits.

Le séchage s'opère de deux manières :

1° A l'air libre. On choisit un temps convenable, on étale la poudre sur des toiles de coton tendues sur des tables et on renouvelle souvent les surfaces. En dix ou douze heures, la poudre est séchée par ce moyen.

2° Dans une sécherie artificielle. Un courant d'air échauffé traverse une couche de poudre épaisse d'un décimètre. Ce moyen exige peu de main-d'œuvre et n'occasionne pas de déchet.

Une sécherie peut sécher jusqu'à 1200 kilog. de poudre par jour.

Après avoir été séchées, les poudres sont passées au blutoir ou tamis de crin ou de soie, pour être débarrassées du poussier.

Ce poussier et les grains trop fins sont remis aux pilons, arrosés de 12 à 16 0/0 d'eau et battus pendant trois heures.

Les poudres de guerre sont mises dans des barils de la contenance de 50 à 100 kilog. Les barils sont eux-mêmes renfermés dans des chappes.

La poudre doit être d'un grain égal, ne s'écraser que difficilement sous la pression du doigt et ne laisser aucune trace de poussier, quand on la fait glisser sur la main.

ÉPREUVE DE LA POUDRE.

Avant d'être reçue, la poudre est éprouvée.

On se sert en France, pour cette épreuve, du mortier-éprouvette en bronze.

Ce mortier, de forme cylindrique, est coulé à semelle pour tirer sous l'inclinaison de 45°, il pèse 120 kilog., sa semelle est logée dans un plateau de chêne de 60 kilog. Le projectile du mortier-éprouvette est un globe en bronze, exactement sphérique, de 0m1895 de diamètre, son poids est réglé à 29 kilog. 37 et ajusté au moyen de plomb coulé dans une cavité intérieure, dont l'orifice taraudé permet d'y fixer une clé ou poignée, qui sert à saisir le globe pour le transporter et le placer dans le mortier, dont le calibre est de 0m1912. Cette poignée est remplacée dans le tir par un bouton, taillé en vis, dont la tête, en portion de sphère, complète la surface du globe. La charge est de 92 grammes.

On construit aujourd'hui le mortier-éprouvette et son globe en fonte de fer.

Dans le service, la poudre, qui ne lance pas le globe à 210 mètres, avec l'éprouvette en bronze et à 220 mètres avec l'éprouvette en fonte de fer, est rejetée et renvoyée dans les poudreries, où elle est soumise à un nouveau battage ou séchée davantage, selon la cause qui diminue sa force.

Dans les poudreries, une poudre neuve, pour être reçue, doit donner avec le mortier en bronze une portée de 225 mètres ou de 235 mètres avec l'éprouvette en fonte.

Il faut pour enflammer la poudre une chaleur de 240 à 250° Réaumur.

Les tireurs ne doivent donc point redouter que le canon de leur fusil s'échauffe assez pour enflammer la charge, car le fusil cesse d'être maniable à 75 ou 80°.

Le fusil parvient à cette température de 75° après 50 à 60 coups, tirés en 20 à 25 minutes, la température étant à 15°.

POUDRE FULMINANTE.

La poudre fulminante, employée dans les capsules de guerre, se compose de *cyanate de mercure*, que l'on mélange avec moitié de son poids de salpêtre, arrosé de 25 0/0 d'eau, afin de diminuer la trop grande vivacité d'explosion du cyanate.

Pour obtenir le cyanate de mercure, qui porte aussi le nom de *fulminate de mercure*, on fait dissoudre *une partie de mercure dans 12 parties d'acide nitrique*, à 36° de l'aréomètre de Beaumé. On traite ensuite cette dissolution par 8 *parties 5 dixièmes d'alcool*, dans un vase qui ne doit être rempli qu'au quart environ. On agite ce mélange et l'on chauffe jusqu'à ce qu'il se produise une effervescence avec dégagement de vapeurs blanches et épaisses. L'on abandonne alors la liqueur à elle-même. Il se forme bientôt un précipité de cyanate de mercure. On décante et on lave le cyanate avec de l'eau de pluie; on le conserve humide jusqu'au moment de l'employer, pour éviter les accidents.

Les capsules consistent en un petit tube de cuivre rouge laminé, légèrement tronc conique, fendu à son pourtour, afin d'éviter les inconvénients des éclats et renfermant 4 à 5 centigrammes de mélange fulminant, pour les capsules de guerre et 2 centigrammes et demi pour celles du commerce.

Ces dernières, étant trop minces et trop petites, pour être saisies et placées facilement par le soldat pendant la nuit, ou lorsqu'il a les mains engourdies par le froid et donnant en outre quelques éclats, qui pourraient blesser les soldats dans les feux à rangs serrés, on a adopté une grosse capsule à rebords, dite à chapeau, dont le cuivre est assez épais (0m009) pour rendre les éclats à peu près impossibles. Dans le même but, le pourtour de la capsule porte six fentes longitudinales, qui lui permettent de s'épanouir librement, en cédant à la force d'explosion, de manière qu'aucune partie ne s'en détache ; elles permettent, en outre, d'engager plus sûrement et plus facilement la capsule à fond sur la cheminée. Les rebords donnent plus de facilité pour saisir et manier la capsule.

Les feuilles de cuivre, servant à confectionner les capsules, sont d'abord découpées en étoiles à six branches, à l'aide d'un emporte-pièce et ensuite embouties, à l'aide d'un poinçon mû par un balancier, qui les presse dans une matrice, où elles reçoivent la forme tronc conique.

La poudre fulminante, contenue dans le fond des capsules, est recouverte d'une goutte de vernis, qui la préserve de l'humidité. Ce vernis n'est autre chose qu'une dissolution de gomme laque dans de l'alcool.

COULAGE DES BALLES.

L'atelier se compose de six hommes : un chef d'atelier, un couleur, un dégageur et trois ébarbeurs.

Matériel — Une chaudière en fonte, encastrée dans un fourneau; un banc à couler; six moules, à double rangée de huit balles chacune, posés sur un banc à couler ; une

13

cuiller; deux crochets à retirer les balles; une double lunette à calibrer, l'un des diamètres de 0^m0171, l'autre de 0^m0169; un maillet; trois cisailles à couper les jets, fixées sur un banc avec des caisses au-dessous pour recevoir les balles; un baril à ébarber ou deux sacs de treillis, longs de 1^m66 sur 0^m40 de diamètre, suspendus horizontalement par quatre cordages à la charpente de l'atelier; des balances à plateaux avec leurs poids; un crible ou passe-balles, dont les trous ont 0^m0171 de diamètre et dont les tourillons reposent, dans des encastrements, sur deux piquets plantés en terre.

Manière d'opérer. — Peser le plomb, emplir et recouvrir la chaudière; ajouter du plomb, jusqu'à ce que le bain soit à 0^m08 des bords; le recouvrir d'une couche de charbon pilé, de 0^m02, pour l'empêcher de s'oxider par le contact de l'air et pousser le feu, jusqu'à ce qu'un morceau de papier, en contact avec le plomb, se charbonne et prenne feu.

Plonger alors la cuiller et l'emplir aux trois quarts de plomb couvert de charbon, couler en écartant le charbon avec un morceau de bois, remplir tous les moules d'un côté, les retourner et les remplir de l'autre côté.

Les premières coulées sont rejetées dans la chaudière, parce que, les moules n'étant pas échauffés, les balles sont défectueuses.

On vérifie quelques balles, de temps en temps, avec la double lunette. Les balles doivent passer dans le diamètre de 0^m0171, elles ne doivent pas passer dans celui de 0^m0169.

On nettoie le moule avec précaution, lorsqu'on s'aperçoit que le plomb s'y attache et l'on bouche avec du cuivre les coquilles qui donneraient des balles défectueuses.

Les balles étant dégagées des moules, on coupe les jets avec une cisaille fraisée, qui fait la section suivant la surface sphérique de la balle.

Pour ébarber, on met 50 kilog. de balles dans le baril qu'on tourne pendant trois minutes, ou 25 kilog. dans un sac qu'on agite pendant cinq minutes.

Pour les calibrer, on en met 25 kilog. sur le crible, auquel on imprime un mouvement de bascule. Celles qui restent sur le crible sont refondues.

L'atelier fait de 30 à 35,000 balles d'infanterie en 11 ou 12 heures.

Avec les précautions indiquées, 100 kilog. de plomb donnent, en balles, 98 kilog., si le plomb est neuf et 97 kil., si le plomb est vieux.

Le diamètre des balles est, comme nous l'avons déjà dit, de 0m017. 34 balles pèsent 1 kilog.

CONFECTION DES CARTOUCHES.

Le papier, connu dans le commerce sous le nom de papier *bulle*, est très-convenable pour la confection des cartouches. Il a 0m55 de longueur, sur 0m44 de largeur; la feuille donne neuf rectangles, qui produisent 18 trapèzes. La petite base du trapèze est de 0m06, la grande base de 0m11 à 0m12; le côté perpendiculaire aux deux bases est de 0m0135 à 0m015.

Après avoir partagé le papier en rectangles égaux, on divise chaque rectangle en deux par une diagonale, qui joint les deux longs côtés à 0m06 de leurs extrémités.

Pour les cartouches sans balles, la petite base est encore de 0m06, la grande base a 0m0115, la hauteur est de 0m105.

La feuille de papier *balle* forme 24 trapèzes de cartouches sans balles.

Pour couper le papier, il faut un coupeur et un aide. Le coupeur commence par faire la division sur une feuille et la répète sur un certain nombre de feuilles, en l'appliquant. Avec un couteau ordinaire, on coupe une demi-main à la fois, en la pliant suivant la ligne des divisions. Lorsqu'on n'a que des feuilles très-petites ou des morceaux irréguliers de papier, on se sert d'un trapèze en fer pour guider le couteau.

Les rectangles, pour enveloppes de paquets de dix cartouches, ont environ de 0^{m}325 sur 0^{m}19. La feuille, dont nous avons donné les dimensions, fournit trois de ces rectangles.

Pour les cartouches sans balles, les rectangles à enveloppes ont environ 0^{m}255 sur 0^{m}14.

L'atelier se compose de 13 hommes : 1 chef d'atelier, 5 hommes pour rouler, 1 pour emplir, 2 pour plier et 4 pour empaqueter.

Matériel — Une table de 4 mètres de longueur pour rouler, plier et empaqueter ; deux bancs ; douze caisses pour poser les cartouches non terminées ; cinq mandrins, d'un diamètre plus faible de 0^{m}0006 que celui de la balle ; cinq petits sabots ou cinq dés, pour faire serrer les plis du papier sur la balle ; une table à rebords ; une mesure, contenant la charge déterminée ; un entonnoir, pour emplir les cartouches ; une brosse, pour nettoyer les caisses ; du savon, du papier coupé, des balles, des bouts de ficelle de 0^{m}58, de la poudre en tas sur la table à emplir.

Manière d'opérer.—Rouler les cartouches, le mandrin parallèle au côté perpendiculaire aux bases, la grande base dépassant la balle de $0^{m}014$; faire quatre plis sur la balle, en commençant par l'angle aigu du trapèze, qui fait face au corps ; on plie en appuyant l'index de la main droite sur cet angle, ensuite le pouce, puis l'index de la même main et enfin l'index de la main gauche ; faire serrer les plis dans le petit sabot, en coiffant la cartouche avec le dé et en frappant sur le banc avec le bout arrondi du mandrin ; placer les cartouches roulées dans les caisses couchées sur le côté, où on les interpose par rangées. Lorsqu'une caisse est remplie de cartouches vides, on la redresse sur le fond et on la porte sur la table à emplir et de là, devant les plieurs, quand toutes les cartouches ont été remplies.

Pour plier les cartouches, on fait le premier pli à gauche, de manière que son bord soit perpendiculaire à l'axe de la cartouche et l'on rabat le second pli sur le premier, de droite à gauche, de la même façon. Au moyen de ces deux plis rectangulaires, le papier vide de la cartouche vient se placer exactement dans le prolongement de la partie emplie de poudre.

Faire les paquets.— Placer sur un rectangle deux couches de cinq cartouches chacune, les balles alternant, les cartouches parallèles aux petits côtés ; envelopper les cartouches en serrant fortement, rabattre et replier le papier qui dépasse les bouts, placer à l'un des bouts du paquet, sous le pli du papier, le petit paquet de douze capsules ; lier le paquet dans sa longueur, puis dans sa largeur, avec un bout de ficelle, arrêté par un nœud gancé.

Le paquet de cartouches a $0^{m}095$ de longueur, $0^{m}065$ de largeur et $0^{m}033$ d'épaisseur.

Les cartouches sans balles se font par le même procédé : seulement on roule les trapèzes sur l'extrémité arrondie du mandrin et avant de rabattre le quatrième pli, on le tord sur lui-même, pour que la poudre ne puisse tamiser.

L'atelier fait 10,000 cartouches à balles et les met en paquets, en dix heures.

L'approvisionnement d'une armée entrant en campagne est de 100 cartouches d'infanterie par homme : 40 dans la giberne et dans le sac, 35 dans les caissons, tant à la réserve des batteries qu'à celle des corps d'armée et 25 au parc général.

On ne confectionne qu'une seule espèce de cartouches à balles avec la charge du fusil d'infanterie. Dans le service, les soldats, qui se servent des autres armes, sont obligés de saigner la cartouche et de réduire la quantité de poudre.

Les corps confectionnent eux-mêmes les cartouches sans balles, destinées aux exercices, à raison d'un kilogramme pour 143 cartouches d'armes à percussion, ce qui donne une charge de 7 grammes par cartouche.

FIN.

TABLE DES MATIÈRES.

FIN DE LA TABLE DES MATIÈRES.

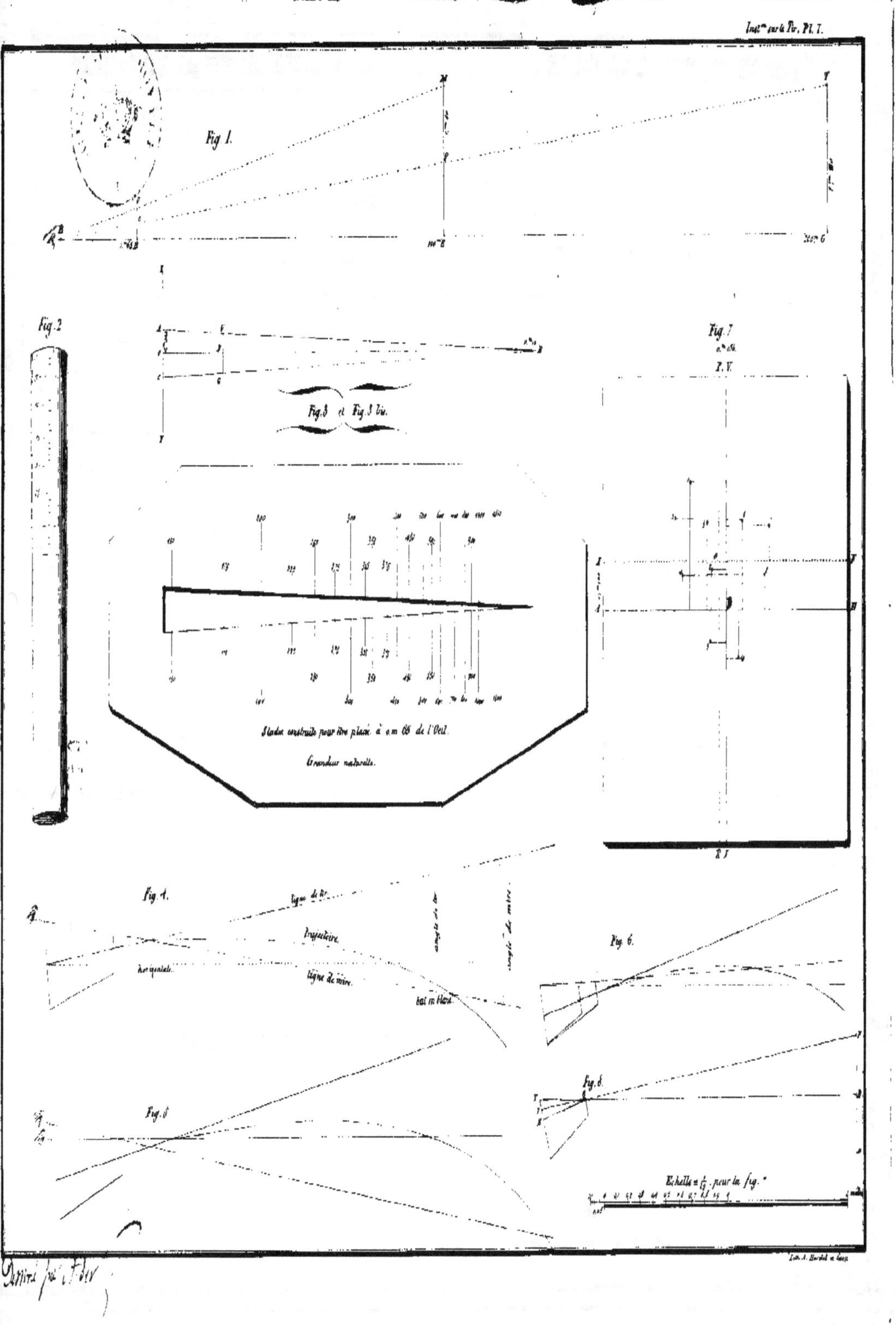
Fig. 1.
Fig. 2
Fig. 3 et Fig. 3 bis.
Fig. 7
Stadia construite pour être placée à 0.m 65 de l'Oeil.
Grandeur naturelle.
Fig. 4.
ligne de tir
trajectoire
horizontale
ligne de mire
angle de mire
Fig. 6.
Fig. 8.
Echelle pour la fig.

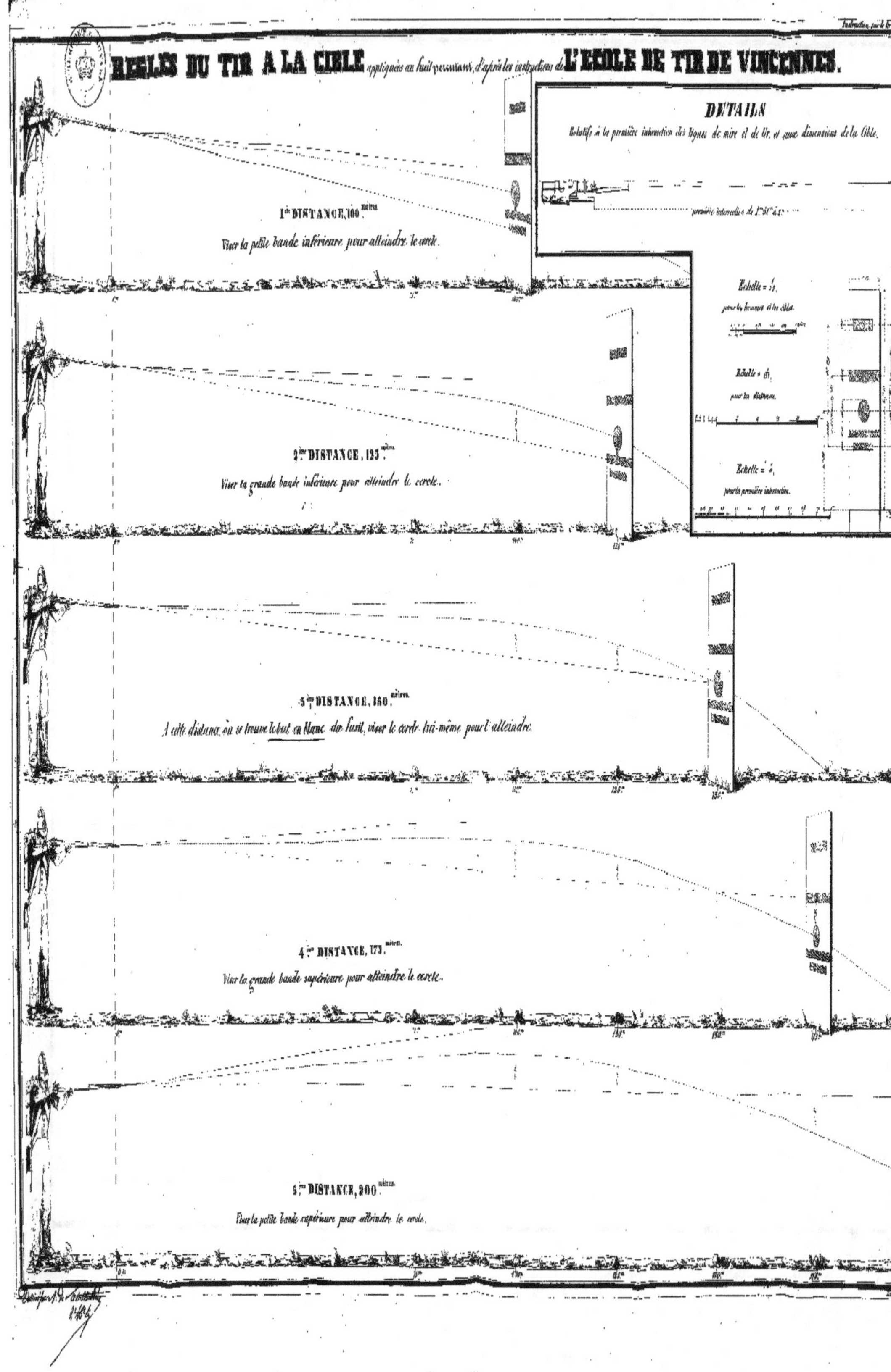
REGLES DU TIR A LA CIBLE appliquées au fusil percutant, d'après les instructions de L'ECOLE DE TIR DE VINCENNES.
DETAILS
Relatifs à la première intersection des lignes de mire et de tir, et aux dimensions de la Cible.
pour les hommes et les cibles.
pour les distances.
pour la première intersection.
1re DISTANCE, 100 mètres.
Viser la petite bande inférieure pour atteindre le cercle.
2me DISTANCE, 125 mètres.
Viser la grande bande inférieure pour atteindre le cercle.
3me DISTANCE, 150 mètres.
A cette distance où se trouve le but en blanc du fusil, viser le cercle lui-même pour l'atteindre.
4me DISTANCE, 175 mètres.
Viser la grande bande supérieure pour atteindre le cercle.
5me DISTANCE, 200 mètres.
Viser la petite bande supérieure pour atteindre le cercle.

PROGRAMME

DE

L'Instruction à donner aux soldats dans chaque compagnie.

INSTRUCTION PRATIQUE.

Instruction préparatoire au tir à la Cible.— Pointage au Chevalet, en se plaçant derrière l'arme. — Position d'en joue au chevalet. — Pointage de l'arme sur le chevalet, dans la position de joue. — Abattre le chien sur le tampon. — Position d'en joue, l'arme soutenue par l'instructeur. — Position d'en joue à bras francs. — Position du tireur isolé debout. — Position du tireur isolé à genoux. — Tir aux capsules. — Tir aux capsules sur une lumière. — Tir à blanc. — Tir à la cible.

Appréciation des Distances.— Etalonnage du pas. — Remarques à faire sur les différentes parties du corps, de l'habillement, de l'équipement et de l'armement d'un homme, envisagé à des distances connues à l'avance. — Evaluation des distances à l'œil et au pas.

INSTRUCTION THÉORIQUE.

Nomenclature raisonnée du fusil percutant transformé, et du sabre de troupes à pied. — Entretien, démontage, remontage, nettoyage, conservation et inspection des armes. — Calibre, charge, balle et vent du fusil d'infanterie ;

Principes généraux du tir. — Relation des lignes de mire et de tir, et de la trajectoire. — Ce qu'on entend par but en blanc, portée de but en blanc, plan de tir, etc., etc. — Règles de tir du fusil percutant. — Description de la cible, correspondance des bandes et cercle qui y sont tracés. — Règles à observer quand on tire sur un homme en mouvement, — sur un homme immobile, — sur un peloton, — par un soleil rapproché de l'horizon, — par un vent venant de plusieurs directions, — dans le cas où le tireur et le but ne sont pas au même niveau.

Confection des cartouches. — Manière de couper le papier. — Dimensions du trapèze. — Manière de rouler le papier. — Remplissage. — Pliage. — Manière d'empaqueter.

www.ingramcontent.com/pod-product-compliance
Lightning Source LLC
LaVergne TN
LVHW050420160826
845677LV00002BA/445